JN233678

木島正明 監修
シリーズ〈現代金融工学〉

4

ボラティリティ変動モデル

渡部敏明 著

朝倉書店

まえがき

　金融工学を多少なりとも勉強した人であれば,「ボラティリティ」という言葉を聞いたことがあると思う．株価のボラティリティとは,簡単に言うと,株価変化率の分散ないしは標準偏差のことであり,上がるか下がるかは別にして株価がどれだけ変動するかを表すものである．もし,ボラティリティが時間を通じて一定であれば,株価変化率の標本分散または標準偏差を計算することによってその値を推定することができる．しかし,株価にはブラック・マンデーのように大きく変動する時期もあれば,「ボックス圏」とよばれるようなほとんど変動しない時期もあり,ボラティリティが時間を通じて一定であるとはとうてい考えられない．

　株価のボラティリティは投資リスクを表す指標であるとともに,オプション価格を決定する要因でもある．そこで,もしそれが時間を通じて変動するのであれば,その変動特性を明らかにすることは,金融資産のリスク管理を行ううえで不可欠なことである．こうした理由から,株価の時系列分析では,近年,ボラティリティの変動を明示的に定式化するボラティリティ変動モデルに注目が集まっている．本書は,そうしたボラティリティ変動モデルについて解説するとともに,それらを用いて日本の株価のボラティリティの変動特性について実証分析を行ったものである．

　ボラティリティ変動モデルは,大きく2つに分けられる．一つは,Engle [1982] の ARCH (autoregressive conditional heteroskedasticity) モデルおよびそれを発展させたモデル (本書では,そうしたモデルを総称して ARCH 型モデルとよぶことにする) であり,もう一つは,確率的分散変動 (stochastic volatility；略して, SV) モデルである．

ARCH 型モデルについては，第2章において解説を行っている．ARCH 型モデルは，t 期のボラティリティを $t-1$ 期にすでに値がわかっている変数だけの（撹乱項を含まないという意味で）確定的な関数として定式化する．この原則さえ守れば，後はモデルをどのように変えてもパラメーターを（疑似）最尤法によって簡単に推定できるため，これまでに数多くの ARCH 型モデルが提案されてきた．そこで，ARCH 型モデルについては，モデルの発展を中心に解説を行っている．中でも，実証研究によく用いられる Bollerslev [1986] の GARCH (generalized ARCH) モデル，Nelson [1991] の EGARCH (exponential GARCH) モデル，Glosten/Jagannathan/Runkle [1993] の GJR モデルについては，詳しく解説を行うとともに，TOPIX 日次データを用いて推定および比較を行っている．

SV モデルについては，第3章において解説を行っている．SV モデルは，ボラティリティの対数値の変動を線形の ARMA モデルによって定式化する．こうした定式化の下では，t 期のボラティリティの値が $t-1$ 期に既知にならないため，最尤法によってパラメータの推定を行うことが難しい．そのため，もっぱらその推定法に注目が集まっており，ARCH 型モデルに比べ，モデルの拡張や実際のデータへの応用がそれほどなされていないのが現状である．そこで，SV モデルについては，その推定法を中心に解説を行っている．SV モデルの推定法には大きく分けて2つの方法がある．一つは正しい尤度に基づかない簡易法である．そうした方法の中で，本書では，特に，カルマン・フィルタを使った疑似最尤法について詳しく解説を行っている．この推定法は推定にそれほど時間がかからないというメリットはあるものの，正しい尤度に基づいていないため，推定値の効率性が低い（ばらつきが大きい）という欠点をもつ．そこで，最近注目を集めているのが，シミュレーションや大量の計算によって正しい尤度を評価したうえで，それに基づいてパラメーターの推定を行うという方法である．こうした computer intensive な方法が注目を集めるようになった背景には，コンピュータの計算速度の飛躍的な向上がある．そうした方法の中で，本書では，特にマルコフ連鎖モンテカルロ法に基づいたベイズ推定法について詳しく解説を行っている．

資産価格のボラティリティはその資産の取引高と正の相関をもっていることが知られている．価格の変動が大きかった日には取引高も膨らむ．こう

したボラティリティと取引高の間の正の相関を説明する代表的なモデルに，Tauchen/Pitts [1983], Andersen [1996] らによる価格と取引高の動学的 2 変量分布混合（Dynamic Bivariate Mixture；DBM）モデルがある．このモデルは，SV モデルを取引高を含める形で拡張したモデルになっている．本書では，第 3 章において，こうしたモデルについても解説を行っている．また，そこでは，こうしたモデルが実際の資産価格と取引高の変動を説明するのに妥当であるかどうかを，日経 225 株価指数先物の価格と取引高の日次データを使って検証している．

ボラティリティ変動モデルについて解説した文献は，本書以外にも数多くあるので，そうした文献も参照して頂きたい．ARCH 型モデルについては，Bollerslev/Chou/Kroner [1992], Bera/Higgins [1993], Bollerslev/Engle/Nelson [1994], Hamilton [1994a, Chapter 21], Diebold/Lopez [1995], Shephard [1996], Palm [1996], Gourieroux [1997], 渡部 [1997,98], 前田 [2000, 第 5 章] など，SV モデルについては，Shephard [1996], Ghysels/Harvey/Renault [1996], 渡部 [1998,99a] がある．本書の内容は，この中の渡部 [1997,98,99a] に基づいている．

本書は統計学や計量経済学を一通り勉強したことのある人を対象としている．ただし，統計学や計量経済学を勉強したことがあっても，時系列分析は勉強したことがないという人は少なくないので，第 1 章で通常の時系列分析の解説を行っている．時系列分析にある程度馴染みのある人は，第 2 章から読み始めてもらっても構わない．

本書の執筆に当たってお世話になった人は少なくない．かつての同僚で現在東京大学助教授の大森裕浩氏，オリックス投信の高山俊則氏からは，同じ分野の研究者として，本書に限らず，日頃から私の研究に関して貴重な意見をもらっている．大東文化大学講師の原田喜美枝さん，新日本監査法人の中西雅之氏，および私のゼミの学生または卒業生の板垣信孝君，里吉清隆君，中島舞さん，藤田明子さん，鈴木綾さん，竹内明香さん，新間奈央さん，斉藤健太郎君には，文章の校正や参考文献のチェックなどを手伝ってもらった．こうした人たちの手助けがなければ，この本の完成はもっと大幅に遅れていたと思う．それから，第 3 章の実証研究で使っている日経 225 株価指数先物の価格と取引高の日次デー

タは，大阪証券取引所から提供していただいたものであり，ここに記して，感謝の意を表したい．また，本書の研究は，97年度全国銀行学術研究振興財団および日本商品先物振興協会の助成を受けている．

　シカゴ大学の故 Daniel B. Nelson 教授には，私がまだイエール大学の学生であった頃，セミナーの後で少し話したことが縁で，その後，私の研究に関して励ましや助言の手紙を頂いた．彼の励ましや助言がなければ，果たして，いま，こうした分野の研究を続けていたかどうかわからない．第2章で ARCH 型モデルの比較を行っているが，日本の株式市場のボラティリティ変動を表すのに最も適しているモデルとして選ばれたのは，奇しくも，彼が考案した EGARCH モデルであった．イエール大学での指導教官 Christopher Sims 教授にも感謝したい．第3章で解説しているマルコフ連鎖モンテカルロ法やベイズ推定法はすべて彼から学んだものである．当時はまだコンピュータの処理速度がいまほど速くなく，こうした computer intensive な手法を使うのに時間がかかって苦労したことがなつかしく思い出される．

　本書では計算には細心の注意を払ったつもりであるが，何分プログラムの作成からそれを使った膨大な量の計算まで一人で行ったので，間違えが皆無とは言い切れない．そこで，そうしたミスも含め，多くの方々から本書についてご批判を頂ければ幸いである．言うまでもないが，本書に残っている誤りは，すべて筆者の責任である．最後に，末尾ではあるが，遅筆にもかかわらず，暖かいご支援と激励を頂いた朝倉書店編集部と本シリーズの監修者である木島正明氏には心から感謝の意を表したい．

　2000年5月

渡 部 敏 明

目　　次

1. 時系列分析の基礎 ………………………………………………… 1
   1.1 株式収益率の時系列分析 ……………………………………… 1
   1.2 TOPIX 日次変化率への応用 …………………………………… 6
      1.2.1 基本統計量による分析 …………………………………… 7
      1.2.2 AR モデルの推定 ………………………………………… 9
      1.2.3 残差の 2 乗の時系列分析 ………………………………… 11
   1.3 ボラティリティ変動モデル …………………………………… 13
   1.4 ボラティリティの変動と尖度 ………………………………… 15
   1.5 補　　論 ………………………………………………………… 17
      1.5.1 Ljung/Box 統計量 ………………………………………… 17
      1.5.2 連続複利計算 ……………………………………………… 18
      1.5.3 White の標準誤差 ………………………………………… 19
      1.5.4 決 定 係 数 ………………………………………………… 20
      1.5.5 市場の情報効率性 ………………………………………… 21

2. ARCH 型モデル …………………………………………………… 22
   2.1 ARCH 型モデルの発展 ………………………………………… 22
      2.1.1 ボラティリティに対するショックの持続性と ARCH, GARCH モデル ……………………………………………………… 22
      2.1.2 ボラティリティ変動の非対称性と GJR, EGARCH モデル ‥ 26
      2.1.3 その他の ARCH 型モデル ………………………………… 28
   2.2 ARCH 型モデルの推定法 ……………………………………… 29

	2.2.1	最尤法	29
	2.2.2	疑似最尤法	32
	2.2.3	推定量の標準誤差	33
	2.2.4	次数選択	35
2.3	TOPIX 日次変化率を用いた ARCH 型モデルの推定		35
	2.3.1	推定結果	35
	2.3.2	基準化された残差によるモデルの診断	38
	2.3.3	残差2乗の予測パフォーマンス	40
	2.3.4	BDS テスト	47
2.4	EGARCH モデルの拡張		53
	2.4.1	休日がボラティリティに与える影響	54
	2.4.2	TOPIX 日次変化率の条件付き分布	55
	2.4.3	TOPIX 日次変化率の期待値および自己相関の変動	59
2.5	ARCH 型モデルを用いたその他の研究		63
2.6	TOPIX 変化率の曜日効果について		64

3. 確率的ボラティリティ変動モデル 67

3.1	SV モデルの特徴		68
	3.1.1	分布混合仮説	68
	3.1.2	SV モデルの尤度	69
3.2	SV モデルの推定法のサーベイ		70
	3.2.1	簡易法	70
	3.2.2	計算量を要する方法	71
3.3	SV モデルの発展		72
3.4	カルマン・フィルタを使った疑似最尤法		74
	3.4.1	状態空間モデル	75
	3.4.2	カルマン・フィルタ	76
	3.4.3	パラメータの推定	79
	3.4.4	平滑化	80
	3.4.5	SV モデルへの応用	81

- 3.5 マルコフ連鎖モンテカルロ法によるベイズ推定 84
  - 3.5.1 ベイズ推定 85
  - 3.5.2 事前分布 86
  - 3.5.3 確率変数のサンプリング 90
  - 3.5.4 SVモデルへの応用 95
- 3.6 資産価格と取引高の動学的2変量分布混合モデル 104
  - 3.6.1 Tauchen/Pitts モデル 106
  - 3.6.2 動学的2変量分布混合モデルのベイズ分析 109
  - 3.6.3 実証分析 111
  - 3.6.4 推定結果 115
  - 3.6.5 その他のモデル 120
- 3.7 補論 120
  - 3.7.1 $\ln(z_t^2)$ の平均と分散 120
  - 3.7.2 $\ln(z_t^2)$ の確率密度関数の導出 122
  - 3.7.3 Simulation smoother 123
  - 3.7.4 DBM モデルのパラメータの条件付き分布 124
  - 3.7.5 価格変化率の2乗と取引高の相関係数および自己相関係数 .. 124

4. あとがき 127

参考文献 129

略語一覧 141

索引 143

1

時系列分析の基礎

1.1 株式収益率の時系列分析

いま,あなたがある企業の株式を買おうかどうしようか迷っており,そんなとき,この株式の t 期の収益率 R_t と $t-1$ 期の収益率 R_{t-1} の間に,

$$R_t = 0.1 + 0.5 R_{t-1} + \epsilon_t \tag{1.1}$$

という関係があることがわかったとしよう.

ここで,t 期の株式収益率 R_t とは,$t-1$ 期に株を買って t 期に売った場合に何%の儲けがあったかを表すものであり,$t-1$ 期の株価,t 期の株価をそれぞれ P_{t-1}, P_t, $t-1$ 期から t 期までの間に受け取った 1 株当たりの配当額を D_t とすると,R_t は,

$$R_t = \frac{D_t + (P_t - P_{t-1})}{P_{t-1}} \times 100 \tag{1.2}$$

として計算される.

また,株価はさまざまなニュースによって絶えず変動しているので,常識的に考えて,株式収益率はその過去の値だけで完全に決まってしまうという代物ではない.そこで,収益率の変動の中で,過去の収益率の変動では説明できない他の要因による変動を表すため,(1.1) 式の右辺に ϵ_t が加えてある.ϵ_t は,$t-1$ 期までは値のわからない確率変数であり,t 期になってようやくある値が実現する.ϵ_t には,通常,次のような仮定がおかれる.

$$\mathrm{E}(\epsilon_t) = 0 \tag{1.3}$$

$$\mathrm{Var}(\epsilon_t) = \sigma^2 < \infty \tag{1.4}$$

$$\mathrm{Cov}(\epsilon_t, \epsilon_{t-s}) = 0, \quad s \neq 0 \tag{1.5}$$

(1.3) は平均がゼロであるという仮定である．(1.4) は分散が t に関係なく一定であるという仮定であり，この性質を分散均一性（homoskedasticity）とよぶ．逆に，この性質が満たされないとき，ϵ_t には分散不均一性（heteroskedasticity）があるという．(1.5) は自己共分散[*1)]がつねにゼロであるという仮定である．これは，ϵ_t の現在の値と過去の値の間に（線形）関係がないということを意味する．これと仮定 (1.3) から，$t-s$ 期 $(s \geq 1)$ の情報に基づく ϵ_t の条件付き期待値は，つねに，

$$\mathrm{E}_{t-s}(\epsilon_t) = 0, \quad s = 1, 2, \ldots \tag{1.6}$$

となる．以上の (1.3)–(1.5) の仮定を満たす ϵ_t をホワイト・ノイズ（白色雑音）という．

株式を買うときまず考えるのは，それによって，将来どれくらいの収益が期待できるかであろう．現在の収益率と過去の収益率との間に (1.1) 式のような関係があることがわかったら，実は，それを将来の期待収益率の計算に利用できるのである．いま，$t-1$ 期にいるものとしよう．$t-1$ 期には R_{t-1} の値が既知であることと，上の (1.3) と (1.5) の仮定の下では，$\mathrm{E}_{t-1}(\epsilon_t) = 0$ となることに注意し，(1.1) 式の両辺の $t-1$ 期の情報に基づく条件付き期待値をとると，

$$\mathrm{E}_{t-1}(R_t) = 0.1 + 0.5 R_{t-1} \tag{1.7}$$

となる．そこで，t 期の期待収益率 $\mathrm{E}_{t-1}(R_t)$ を計算するためには，R_{t-1} の実現値を (1.7) 式の右辺に代入すればよい．例えば，$t-1$ 期の収益率 R_{t-1} が 2%であったすると，$\mathrm{E}_{t-1}(R_t)$ は 1.1%となり，これが十分高いと思えば，この株式を買えばよい．

しかし，われわれは，あいにく，現在の収益率と過去の収益率との間にどのような関係があるのかを知らない．そこで，以上のような予測を行うためには，まず，過去の収益率の時系列データ（以下，それを $\{R_1, R_2, \ldots, R_T\}$ と表す

[*1)] ϵ_t の s 次の自己相関係数 $\rho(s)$ は，

$$\rho(s) = \frac{\mathrm{Cov}(\epsilon_t, \epsilon_{t-s})}{\mathrm{Var}(\epsilon_t)}$$

と定義されるので，自己共分散 $\mathrm{Cov}(\epsilon_t, \epsilon_{t-s})$ がゼロのとき，自己相関係数 $\rho(s)$ もゼロになる．

1.1 株式収益率の時系列分析

ことにする)を使って,現在の収益率と過去の収益率との関係を推測しなければならない.このように,ある変数の現在の値と過去の値の関係を分析するのが時系列分析である.

現在の収益率は (1.1) 式のように 1 期前の収益率だけに依存するとは限らない.より一般的に,p 期前までの収益率に依存するものとすると,その関係は次のように表すことができる.

$$R_t = a + b_1 R_{t-1} + b_2 R_{t-2} + \cdots + b_p R_{t-p} + \epsilon_t \quad (1.8)$$

このようなモデルを p 次の自己回帰(autoregressive;AR)モデルとよび,AR(p) と表す.そうすると,(1.1) 式は AR(1) モデルということになる.AR モデルは,R_t を被説明変数,$R_{t-1}, R_{t-2}, \ldots, R_{t-p}$ を説明変数とすると,通常の最小 2 乗法によってパラメータの値を推定できるので便利であり,時系列分析では最もポピュラーなモデルである.そこで,本章では,AR モデルを用いた時系列分析に限って話をすることにしよう[2].

さて,AR モデルを用いた時系列分析では,まず,モデルの次数 p を特定化する必要がある.次数 p が決まれば,後は,パラメータ $a, b_1, b_2, \ldots, b_p$ を,最小 2 乗法によって推定すればよい.モデルの次数選択は,最近では,情報量基準とよばれる指標に基づいて機械的に行われることが多いので[3],ここでもそうした方法について説明する.情報量基準として最も有名なのは,AIC (Akaike's [1973] information criterion) であり,これは次のような式によって計算される.

$$\text{AIC} = \ln \hat{\sigma}^2 + \frac{2p}{T} \quad (1.9)$$

ここで,$\hat{\sigma}^2$ は AR(p) モデルの残差 $\{\hat{\epsilon}_{p+1}, \hat{\epsilon}_{p+2}, \ldots, \hat{\epsilon}_T\}$ の標本分散であり,

---

[2] AR モデル以外にも,移動平均(moving average;MA)モデルや AR モデルと MA モデルを合せた自己回帰移動平均(autoregressive moving average;ARMA)モデルがある.MA(q) モデルおよび ARMA(p, q) モデルは,それぞれ次のように定式化される.

$$R_t = a + \epsilon_t - \theta_1 \epsilon_{t-1} - \theta_2 \epsilon_{t-2} - \cdots - \theta_{t-q} \epsilon_{t-q}$$
$$R_t = a + b_1 R_{t-1} + b_2 R_{t-2} + \cdots + b_p R_{t-p}$$
$$+ \epsilon_t - \theta_1 \epsilon_{t-1} - \theta_2 \epsilon_{t-2} - \cdots - \theta_{t-q} \epsilon_{t-q}$$

これらのモデルについて詳しくは,山本 [1988] を参照のこと.

[3] 時系列分析の開祖である Box/Jenkins [1976] では,標本から計算される自己相関や偏自己相関を使って次数を選択している.こうした方法について詳しくは,山本 [1988] を参照のこと.

$$\hat{\sigma}^2 = \frac{1}{T-p} \sum_{t=p+1}^{T} \hat{\epsilon}_t^2 \tag{1.10}$$

として計算される．残差の分散 $\hat{\sigma}^2$ はそのモデルでは説明されない変動の大きさを表しているので，モデルの当てはまりの悪さの目安となる．$\hat{\sigma}^2$ が小さいほど，そのモデルで説明されない変動が小さいので，モデルは当てはまりがよいといえる．次数 p を増やすと，$\hat{\sigma}^2$ は小さくなるが，p を増やすことには $\hat{\sigma}^2$ には反映されないマイナス面もある．具体的には，p を増やすと，推定しなければならないパラメータの数が増え，それによって，推定値の信頼度が低下してしまう．そこで，AIC ではさらに $2p/T$ の項を加え，p を増やすことに対して一種のペナルティーを課すのである[*4]．p を増やしてゆくとどこかで AIC を最小にする p が存在するので，それを最適な次数として選択すればよい．

もう1つよく用いられる情報量基準に，SIC（Schwarz's [1978] information criterion）がある．これは次の式で計算される．

$$\mathrm{SIC} = \ln\hat{\sigma}^2 + \frac{p\ln(T)}{T} \tag{1.11}$$

AIC との違いは，次数 p を増やすことに対するペナルティーが，AIC では $2/T$ であったのに対して，SIC では $\ln(T)/T$ と，より大きなペナルティーが課されていることである．その結果，SIC によって次数を選ぶと，AIC よりも低めの次数が選ばれることが多い．

それでは，AIC と SIC とで異なる次数を選んだ場合には，いったいどちらを選択したらよいのだろうか？　この点に関しては，実はまだ明確な答えは得られておらず，ケース・バイ・ケースであるとしか言いようがない．ただ，SIC による選択が一致性（標本数 T が十分大きくなると，正しい次数を選択する性質）をもっているのに対して，AIC は一致性をもっていないので，T が十分大きい場合には，SIC による選択のほうが望ましいであろう．

ここで，以上をアルゴリズムの形に整理しておくことにしよう．
(1) $p=0$ からスタートする．

[*4] AIC は，実は，1期先予測の誤差の分散を最小にするようなモデルを選択する基準となっている．1期先予測の誤差の分散はモデルの残差分散とパラメータ推定に伴う標準誤差の2つに分解でき，(1.9)式の第2項 $2p/T$ はこの後者に対応している．

(2) $p=0$ の場合には，標本 $\{R_1, R_2, \ldots, R_T\}$ の分散

$$\hat{\sigma}^2 = \frac{1}{T} \sum_{t=1}^{T} (R_t - \bar{R}_t)^2 \tag{1.12}$$

を計算する．

$p \geq 1$ の場合には，AR(p) モデルのパラメータ $a, b_1, b_2, \ldots, b_p$ を最小 2 乗法により推定し，その残差を使って，(1.10) 式より，$\hat{\sigma}^2$ を計算する．

(3) (2) で計算された $\hat{\sigma}^2$ を，(1.9), (1.11) 式に代入し，AIC または SIC を計算する．

(4) $p = p+1$ として，適当だと思われるまで（そのときの p を $p_{\max}$ とする），(2)–(3) を繰り返す．

(5) $p = 1, 2, \ldots, p_{\max}$ の中から，AIC または SIC が最小になる p を最適次数として選択し，パラメータ $a, b_1, b_2, \ldots, b_p$ の推定値には (2) で求めた最小 2 乗推定値 $\hat{a}, \hat{b}_1, \hat{b}_2, \ldots, \hat{b}_p$ を用いる．

ただし，このようにして選ばれたモデルがかならずしも正しいモデルであるとは限らないので，これで終わりにするのはいささか早計である．選ばれたモデルが正しいモデルかどうか調べるため，さらにモデルの診断を行ってみたほうがよい．AR モデルの診断としてよく行われるのは，残差

$$\{\hat{\epsilon}_{p+1}, \hat{\epsilon}_{p+2}, \ldots, \hat{\epsilon}_T\}$$

を使った自己相関の有無の検定である．仮定 (1.5) より，AR モデルの誤差項 ϵ_t は自己相関をもたないので，推定された AR モデルが正しいモデルなら，その残差 $\hat{\epsilon}_t$ にも統計的に有意な自己相関はないはずである．もし，残差に自己相関が残っているようであれば，さらに次数を増やすなどの工夫が必要となる．自己相関の有無の検定には，Ljung/Box [1978] 検定がよく用いられる．この検定については，1.5.1 項で解説しているので，そちらを参照していただきたい．

さて，過去の収益率のデータ $\{R_1, R_2, \ldots, R_T\}$ から，以上の操作によって，AR(p) モデル

$$R_t = \hat{a} + \hat{b}_1 R_{t-1} + \hat{b}_2 R_{t-2} + \cdots + \hat{b}_p R_{t-p} + \hat{\epsilon}_t \tag{1.13}$$

が推定されたとしよう．そうすると，それを使って，T 期における $T+1$ 期の

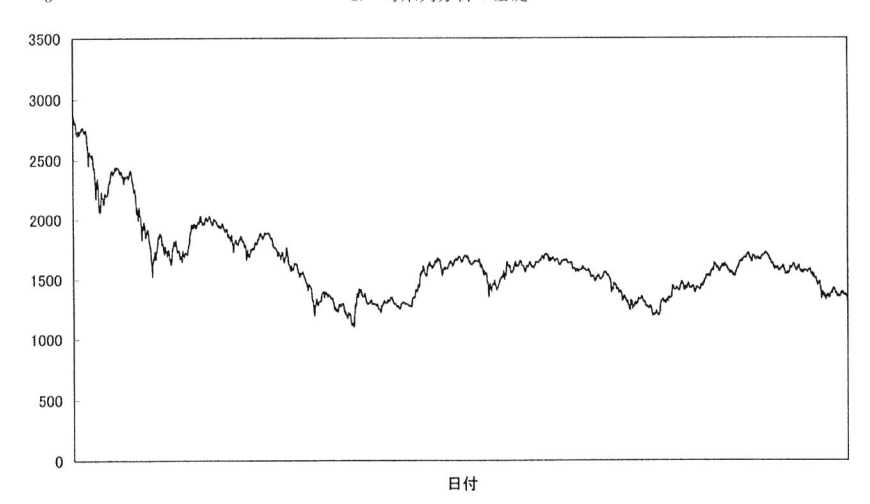

図1.1 TOPIX の終値（1990/1/4–1997/4/10）

期待収益率
$$\mathrm{E}_T(R_{T+1}) = \hat{a} + \hat{b}_1 R_T + \hat{b}_2 R_{T-1} + \cdots + \hat{b}_p R_{T-p+1} \tag{1.14}$$
が計算できる．

1.2 TOPIX 日次変化率への応用

それでは，前節で説明した時系列分析を実際に行ってみることにしよう．ここでは，東京証券取引所株価指数（Tokyo stock price index；TOPIX）の終値の日次データを用いることにする．TOPIX とは，東京証券取引所第1部に上場されている株式の価格を時価総額で加重平均し，それをさらに昭和43年（1968年）1月4日の値を100として指数化したものである．サンプル期間は1990年1月4日から1997年4月10日までとした．この期間の TOPIX の終値は図1.1に描かれている．

ここでは，配当は無視し，それぞれの日の TOPIX の終値を変化率に直したものを，前節の収益率の代わりに用いて分析を行った．TOPIX の終値を変化率に直す際には，(1.2) 式ではなく，次のような式を使って計算した．
$$R_t = [\ln(P_t) - \ln(P_{t-1})] \times 100, \quad t = 1, 2, \ldots, T \tag{1.15}$$

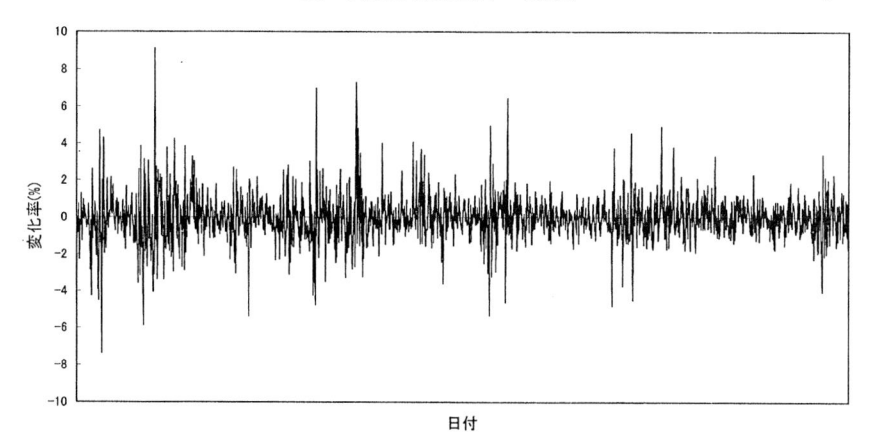

図 1.2 TOPIX の日次変化率 (%) (1990/1/5–1997/4/10)

ここで, P_t は第 t 営業日の TOPIX の終値を表す (P_0 が 1990 年 1 月 4 日の TOPIX の終値, P_T が 1997 年 4 月 10 日の TOPIX の終値に対応している). また, $\ln(\cdot)$ は自然対数を表す. この計算方法は, 連続複利計算 (continuous compounding), または, 瞬間複利計算 (instantaneous compounding) とよばれるものである. こうした計算方法は, オプションのブラック=ショールズ・モデルを始め, 最近の金融工学理論ではよく使われるので, 1.5.2 項で解説している. そこで, こうした計算方法に慣れていない人, 特に, なぜ, 対数をとるのかわからない人はそちらを参照していただきたい. (1.15) 式によって計算された TOPIX 日次変化率は図 1.2 に描かれている.

1.2.1 基本統計量による分析

さて, 分析に用いるデータが得られたら, まず最初に, そのデータの特徴をつかむため, 平均や分散などの基本統計量を計算してみるのが, 統計的分析の慣例である. そこで, AR モデルを推定する前に, TOPIX 日次変化率データの基本統計量をいくつか計算してみた. 結果は表 1.1 にまとめられている.

標本期間がバブル崩壊以後であるため, TOPIX 変化率の標本平均は -0.043% と負の値を示しているが, これは統計的に有意な値ではない. このことは, 表の標本平均の下の括弧の中に示されている標準誤差の値 0.029 からわかる. 標本平均の標準誤差は, 標本の大きさ, 標準偏差を, それぞれ, T, $\hat{\sigma}$ とすると,

表 1.1 TOPIX 日次変化率（%）の基本統計量

標本期間：1990/1/5–1997/4/10

標本数	平均	標準偏差	最大値	最小値	歪度	尖度	LB(12)
1793	−0.043	1.249	9.116	−7.365	0.351	8.602	29.18
	(0.029)				(0.058)	(0.116)	

*括弧内の数値は標準誤差を表す．標本数，標準偏差をそれぞれ T, $\hat{\sigma}$ とすると，平均，歪度，尖度の標準誤差はそれぞれ，$\hat{\sigma}/\sqrt{T}$, $\sqrt{6/T}$, $\sqrt{24/T}$ である．LB(12) は，Diebold [1988] の方法によって分散不均一性を調整した Ljung/Box 統計量である．

$\sqrt{\hat{\sigma}^2/T} = 0.029$ として計算される[*5]．

歪度は，分布の歪みを表す統計量であり，正規分布のように左右対称な分布であればゼロ，右（左）の裾が厚い分布であれば正（負）の値をとる．歪度が負であれば，価格が下がるときに極端な値がみられるということなので，そのような株式への投資は下方リスクが高いことになる．TOPIX 日次変化率の歪度は 0.351（標準誤差は $\sqrt{6/T} = 0.058$ である[*6]）と統計的に有意な正の値を示しており，このことから，TOPIX 日次変化率の分布は右の裾が長いことがわかる．

次に，尖度は，分布の裾の厚さを計る統計量であり，正規分布では 3, t 分布のように正規分布より裾の厚い分布では 3 より大きくなる．TOPIX 日次変化率の尖度は 8.602 と 3 を大幅に上回っており（標準誤差は $\sqrt{24/T} = 0.116$ である），TOPIX 日次変化率は正規分布よりも裾の厚い分布に従っていることがわかる．株価変化率や収益率の日次データが正規分布より裾の厚い分布に従っているというのはよく知られている事実であり，TOPIX 変化率に限ったことではない．こうした株価変化率や株式収益率の裾の厚さについては，1.4 節および 2.4.2 項において再び考えることにする．

表 1.1 には，LB(12) として，TOPIX 日次変化率の 1 階から 12 階までの自己相関係数がすべてゼロであるという帰無仮説を検定するための Ljung/Box

---

[*5] 真の平均が 0 であれば，標本平均は，漸近的に（T が十分大きければ），平均 0, 分散 $\hat{\sigma}^2/T$ の正規分布に従う．ただし，自己相関がある場合には，分散は $\hat{\sigma}^2/T$ ではなくなる．後でわかることであるが，TOPIX 日次変化率には有意な自己相関が存在するので，ここでの議論は厳密なものではない．

[*6] 真の歪度が 0 であれば，標本から計算される歪度は，漸近的に，平均 0, 分散 $6/T$ の正規分布に従う．また，真の尖度が 3 であれば，標本から計算される尖度は，漸近的に，平均 3, 分散 $24/T$ の正規分布に従う．詳しくは，Jarque/Bera [1987] 参照．

表 1.2　AR モデルによる TOPIX 日次変化率の分析

(a) AIC および SIC

次数	AIC	SBIC
0	0.4435	0.4435
1	0.4242	0.4273
2	0.4173	0.4235
3	0.4188	0.4280
4	0.4177	0.4299
5	0.4175	0.4328

(b) AR(2) モデルのパラメータの推定
$$R_t = a + b_1 R_{t-1} + b_2 R_{t-2} + \epsilon_t$$

パラメータ	a	b_1	b_2	$\bar{R}^2$
推定値	-0.040	0.156	-0.092	0.028
標準誤差	0.029	0.035	0.033	

(c) 残差 $\hat{\epsilon}_t$ の基本統計量

標本数	標準偏差	最大値	最小値	歪度	尖度	$\hat{\epsilon}_t$ の LB(12)	$\hat{\epsilon}_t^2$ の LB(12)
1791	1.231	9.348	-6.996	0.372	8.276	7.94	130.67
				(0.058)	(0.116)		

*ここで示されている標準誤差は，White [1980] の方法によって計算された標準誤差（heteroskedasticity-consistent standard error）である．LB(12) は，Diebold [1988] の方法によって分散不均一性を調整した Ljung/Box 統計量を，$\bar{R}^2$ は自由度修正済み決定係数を表す．

統計量の値が示されている．ただし，そこで計算されている Ljung/Box 統計量は，Diebold [1988] の方法によって分散不均一性を調整したもの（1.5.1 項参照）である．この統計量は，帰無仮説が正しければ，漸近的に（T が十分大きければ），自由度 12 のカイ 2 乗分布に従う．統計の教科書についているカイ 2 乗分布表をみると，自由度 12 のカイ 2 乗分布の 1% 有意水準における臨界値は 26.2 であることがわかる．ここでの LB(12) の値は 29.12 とそれを上回るので，帰無仮説は 1% 有意水準でも棄却されることがわかる．このことは，TOPIX 日次変化率には統計的に有意な自己相関が存在するということであり，TOPIX 日次変化率がその過去の値と（線形）関係をもって変動している可能性を示唆している．

1.2.2　AR モデルの推定

前置きが長くなったが，いよいよ，AR(p) モデルの次数選択およびパラメータの推定へと進むことにしよう．まず，次数選択のため，次数 p を 0 から 5 まで変えて，AIC，SIC の値の計算を行った．結果は表 1.2 (a) に示されている．

幸い，AIC，SIC とも，$p = 2$ において最小となるので，ここでは AR(2) モデルを選択する．AR(2) モデルのパラメータの最小 2 乗法推定値は，表 1.2 (b) に示されている．そこに示されている標準誤差は，White [1980] の方法によっ

て計算された誤差項の分散が不均一でも一致性（T が十分大きければ，真の値に等しくなる性質）を満たす標準誤差（heteroskedasticity-consistent standard error）である（1.5.3項参照）．

表 1.2 (c) には，残差の自己相関の有無を検定するための Ljung/Box 統計量，LB(12) の値が計算されている（ここでも，Diebold [1988] の方法により分散不均一性を調整している）．それによると，残差の 1 階から 12 階までの自己相関係数がゼロであるという帰無仮説は 10%有意水準でも採択されるため，推定された AR(2) モデルは Ljung/Box 検定による診断を無事パスすることになる．

推定された AR(2) モデルから，T 期における $T+1$ 期の TOPIX 変化率の期待値は，

$$\mathrm{E}_T(R_{T+1}) = -0.040 + 0.156 R_T - 0.092 R_{T-1} \tag{1.16}$$

として計算されることがわかる．その値を使って，今度は T 期における $T+2$ 期の TOPIX 変化率の期待値を，

$$\mathrm{E}_T(R_{T+2}) = -0.040 + 0.156 \mathrm{E}_T(R_{T+1}) - 0.092 R_T \tag{1.17}$$

として計算することができる．また，$T+2$ 期以降の TOPIX 変化率の期待値は次のように計算できる．

$$\mathrm{E}_T(R_{T+s}) = -0.040 + 0.156 \mathrm{E}_T(R_{T+s-1}) - 0.092 \mathrm{E}_T(R_{T+s-2}) \tag{1.18}$$

このようにして

$$\mathrm{E}_T(R_{T+1}), \mathrm{E}_T(R_{T+2}), \cdots, \mathrm{E}_T(R_{T+s})$$

が計算されたら，それらを全部足すことにより，T 期から $T+s$ 期までの TOPIX 変化率の期待値

$$\mathrm{E}_T(\ln(P_{T+s}) - \ln(P_T)) = \mathrm{E}_T(R_{T+1} + R_{T+2} + \cdots + R_{T+s})$$

も計算することができる．

さて，このような時系列分析による予測は実際の株式の売買に役に立つのであろうか？ こうした予測に基づいて株式を売買すると，利益を上げることができるのであろうか？ この点に関して，筆者は懐疑的である．その理由を説明するために，もう一度，表 1.2 (b) をみていただきたい．そこには，$\bar{R}^2$ として自由度修正済み決定係数（1.5.4項参照）の値が示されている．その値は 0.028 と小さく，このことから，TOPIX 変化率の変動のうち，過去の値によって説明

できる変動がわずかしかないことがわかる．

　さらに，本書の読者が皆，これまで説明してきた時系列分析の手法によって将来の収益率の期待値を計算し，それに基づいて投資を行うようになったとしよう．株式は事前に収益の確定しない資産（こうした資産を危険資産とよぶ）なので，危険回避的な投資家（詳しくは，次節参照）はリスクの代償として株式に安全資産の収益率を上回る期待収益率を要求する．こうした危険資産の期待収益率と安全資産収益率との差をリスク・プレミアムとよぶ．ある株式の将来の期待収益率を計算したとき，それが安全資産の収益率にリスク・プレミアムを加えたものをさらに上回ったとすると，本書の読者が皆この株を買いに動くであろう．その結果，この株の価格は上昇し，それによって，超過収益率（＝株式収益率 − 安全資産の収益率）の期待値はリスク・プレミアム分まで押し下げられてしまうはずである．このように価格が速やかに調整し，過去の価格を使ってもリスク・プレミアムを上回る超過収益が期待できない場合，情報に関する弱度（weak form）の効率性が満たされているという（1.5.5 項参照）．

　こうしたことを考えると，時系列モデルによる株式収益率の予測にはあまり多くは期待できないと考えたほうがよさそうである．

1.2.3　残差の 2 乗の時系列分析

　それでは，株式収益率に対して時系列分析を行うことにはまったく意味がないのであろうか？ あきらめずに，少し視点を変えて株式収益率の時系列分析を行ってみることにしよう．

　理由は後で説明するとして，株式収益率そのものではなく，それに AR(2) モデルを当てはめた残差を 2 乗したもの $\{\hat{\epsilon}_3^2, \hat{\epsilon}_4^2, \ldots, \hat{\epsilon}_T^2\}$ を使って，前節と同様の時系列分析を行ってみよう．表 1.2 (c) には残差の 2 乗の Ljung/Box 統計量，LB(12) も示されているが，それは 130.67 と大きい値を示している．このことは，残差の 2 乗にはかなり強い自己相関が存在する可能性を示唆しており，この分だと残差の 2 乗に対して時系列分析を行うことにはかなり期待がもてそうである．そこで，AR(p) モデル

$$\hat{\epsilon}_t^2 = \omega + \alpha_1 \hat{\epsilon}_{t-1}^2 + \alpha_2 \hat{\epsilon}_{t-2}^2 + \cdots + \alpha_p \hat{\epsilon}_{t-p}^2 + e_t \tag{1.19}$$

の推定を行ってみることにしよう．ここでも，誤差項 e_t はホワイト・ノイズで

表 1.3　AR モデルによる $\hat{\epsilon}_t^2$ の分析

(a) AIC および SIC

次数	AIC	SIC
0	2.815	2.815
1	2.786	2.789
2	2.777	2.783
3	2.774	2.784
4	2.759	2.771
5	2.747	2.762
6	2.748	2.767
7	2.748	2.769
8	2.749	2.774
9	2.749	2.777
10	2.750	2.781

(b) AR モデルのパラメータの推定

$$\hat{\epsilon}_t^2 = \omega + \alpha_1 \hat{\epsilon}_{t-1}^2 + \alpha_2 \hat{\epsilon}_{t-2}^2 + \cdots + \alpha_5 \hat{\epsilon}_{t-5}^2 + e_t$$

パラメータ	ω	α_1	α_2	α_3	α_4	α_5	LB(12)	$\bar{R}^2$
推定値	0.806	0.126	0.079	0.033	0.115	0.116	4.67	0.071
標準誤差	0.099	0.047	0.047	0.026	0.049	0.059		

*ここで示されている標準誤差は，White [1980] の方法によって計算された標準誤差（heteroskedasticity-consistent standard error）である．LB(12) は，Diebold [1988] の方法によって分散不均一性を調整した Ljung/Box 統計量を，$\bar{R}^2$ は自由度修正済み決定係数を表す．

あると仮定する．

表 1.3 (a) は，次数 p を 0 から 10 まで変えた場合の AIC および SIC の値が示されている．ここでも，幸い，AIC, SIC ともに $p=5$ において最小になるので，AR(5) モデルが選択される．AR(5) モデルのパラメータの最小 2 乗推定値は表 1.3 (b) に示されている．この場合の自由度修正済み決定係数 $\bar{R}^2$ は 0.071 であり，それほど大きいとはいえないものの，前節で TOPIX 変化率に AR(2) モデルを当てはめた場合の 0.028 に比べればまだましである．

ここで，読者の中には，「将来の残差の 2 乗なんか予測して何になる．知りたいのは，将来の収益率の期待値だ」という人がいるかもしれない．そのような人のことを，経済学では，「危険中立的な投資家」とよぶ．こうした危険中立的な投資家以外の人にとって，残差の 2 乗の予測値は，重要な情報を提供してくれるのである．話を簡単にするために，いま，収益率の正しいモデル

$$R_t = a + b_1 R_{t-1} + b_2 R_{t-2} + \cdots + b_p R_{t-p} + \epsilon_t \tag{1.20}$$

がわかっているものとしよう[*7)]．そうすると，

$$\mathrm{E}_{t-1}(R_t) = a + b_1 R_{t-1} + b_2 R_{t-2} + \cdots + b_p R_{t-p} \tag{1.21}$$

となるので，(1.20) 式から (1.21) 式を引いて両辺を 2 乗すると，

[*7)]　SIC によって選択された次数およびパラメータの最小 2 乗推定量はどちらも一致性（標本数 T が十分大きくなると，正しい値を選択する性質）をもっており，標本が十分大きいときには，推定された次数およびパラメータは真の値とほぼ等しいと考えられる．そこで，推定されたモデルを正しいモデルと考えてよいであろう．

$$(R_t - \mathrm{E}_{t-1}(R_t))^2 = \epsilon_t^2 \tag{1.22}$$

が得られ，ϵ_t^2 は1期先の R_t を予測した際の予測誤差 $R_t - \mathrm{E}_{t-1}(R_t)$ の2乗であることがわかる．将来の予測誤差の2乗の大きさはその株式への投資リスクを表しており，予測誤差の2乗が大きいほど予測が大きくはずれるということを意味するのでリスクが高いといえる．

危険中立的な投資家とは，収益率の期待値だけをみて投資を行い，リスクの大きさにはまったく無関心な投資家のことをいう．しかし，多くの投資家は，収益率の期待値が同じであれば，よりリスクが小さい資産を選択するであろう．こうした投資家のことを「危険回避的な投資家」とよぶ．危険回避的な投資家にとっては，将来の予測誤差の2乗は重要な情報となるのである．

金融工学の教科書では，通常，株式のリスクは，その株式の収益率の分散ないし標準偏差によって定義されているので，将来の予測誤差の2乗をリスクと考えることに違和感を感じる人がいるかもしれない．しかし，

$$\begin{aligned}\mathrm{Var}_{t-1}(R_t) &= \mathrm{E}_{t-1}((R_t - \mathrm{E}_{t-1}(R_t))^2) \\ &= \mathrm{E}_{t-1}(\epsilon_t^2) \end{aligned} \tag{1.23}$$

となることからわかるように，予測誤差 ϵ_t の2乗の期待値は収益率の条件付き分散 $\mathrm{Var}_{t-1}(R_t)$ に等しいのである．そこで，予測誤差の2乗を予測するということは，将来の収益率の条件付き分散を求めるのと同じことである．

1.3 ボラティリティ変動モデル

ある株式の t 期の価格変化率ないし収益率 R_t は，$t-1$ 期に予測可能な変動 $\mathrm{E}_{t-1}(R_t)$ と予測不可能なショック ϵ_t に分割することができる．

$$R_t = \mathrm{E}_{t-1}(R_t) + \epsilon_t \tag{1.24}$$

R_t が (1.20) 式のような AR(p) モデルで記述されるとすると，$t-1$ 期に予測可能な変動 $\mathrm{E}_{t-1}(R_t)$ は (1.21) 式で与えられる．

ボラティリティ変動モデルでは，予測不可能なショック ϵ_t を，次式のように，必ず正の値をとる変数 σ_t と平均0，分散1の過去と独立かつ同一な分布に従う確率変数 z_t との積として表す．

$$\epsilon_t = \sigma_t z_t, \quad \sigma_t > 0, \quad z_t \sim \text{i.i.d.}, \quad \text{E}(z_t) = 0, \quad \text{Var}(z_t) = 1 \tag{1.25}$$

ここで，$z_t \sim$ i.i.d. は z_t が過去と独立かつ同一な分布に従う（independently and identically distributed；i.i.d.）ことを表している．また σ_t と z_t は互いに独立であるものとする．このように定式化すると，z_t が同じ値であっても，σ_t が大き（小さ）ければ，ϵ_t の絶対値は大き（小さ）くなる．本書では，以下，σ_t^2 のことを t 期の収益率 R_t のボラティリティとよぶ[*8]．

ボラティリティ変動モデルは，ボラティリティ σ_t^2 の変動の定式化によって，大きく2つに分けられる．1つは，Engle [1982] によって提案された ARCH（autoregressive conditional heteroskedasticity）モデルおよびそれを発展させたモデル（本書では，そうしたモデルを総称して ARCH 型モデルとよぶことにする）であり，もう1つは，確率的ボラティリティ変動（stochastic volatility；SV）モデルである．

ARCH 型モデルは，t 期のボラティリティを $t-1$ 期にすでに値がわかっている変数だけの（撹乱項を含まないという意味で）確定的な関数として定式化する．例えば，Engle [1982] の ARCH モデルでは，次式のようにボラティリティ σ_t^2 を過去の収益率の予期せざるショックの 2 乗 $\epsilon_{t-1}^2, \epsilon_{t-2}^2, \ldots, \epsilon_{t-q}^2$ の線形関数として定式化する．

$$\sigma_t^2 = \omega + \alpha_1 \epsilon_{t-1}^2 + \alpha_1 \epsilon_{t-2}^2 + \cdots + \alpha_q \epsilon_{t-q}^2 \tag{1.26}$$

そうすると，σ_t^2 は $t-1$ 期に値がわかることになる．このことと (1.23)，(1.25) 式より，R_t の条件付き分散 $\text{Var}_{t-1}(R_t)$ は次のように書き換えることができる．

$$\begin{aligned} \text{Var}_{t-1}(R_t) &= \sigma_t^2 \text{E}_{t-1}(z_t^2) \\ &= \sigma_t^2 \end{aligned} \tag{1.27}$$

したがって，ARCH 型モデルでは，ボラティリティ σ_t^2 は R_t の条件付き分散 $\text{Var}_{t-1}(R_t)$ を表していることになる．

(1.26)，(1.27) 式より，ARCH モデルでは，

[*8] オプションの文献では通常，σ_t をボラティリティとよぶが，ボラティリティ変動モデルの文献では，σ_t^2 をボラティリティとよぶことが多い．

$$\mathrm{Var}_{t-1}(R_t) = \omega + \alpha_1 \epsilon_{t-1}^2 + \alpha_2 \epsilon_{t-2}^2 + \cdots + \alpha_q \epsilon_{t-q}^2 \qquad (1.28)$$

となる．ここで，1.2.3項のように，ϵ_t^2 が AR(p) モデル

$$\epsilon_t^2 = \omega + \alpha_1 \epsilon_{t-1}^2 + \alpha_2 \epsilon_{t-2}^2 + \cdots + \alpha_q \epsilon_{t-q}^2 + e_t \qquad (1.29)$$

に従っているものとすると，(1.23), (1.29) 式より，条件付き分散 $\mathrm{Var}_{t-1}(R_t)$ は，やはり，(1.28) 式によって表されるので，1.2.3 項の分析は，実は ARCH モデルを推定していることに他ならない．つまり，1.2.3 項では，(1.26) 式を (1.29) 式のように書き直すことにより，ARCH モデルのパラメータ ($\omega, \alpha_1, \ldots, \alpha_q$) を，最小 2 乗法によって推定していることになる（より望ましい推定法については 2.2 節を参照のこと）．

これに対して，SV モデルでは，ボラティリティの対数値の変動を線形の ARMA モデルによって定式化する．通常，次のような最も簡単な AR(1) モデル

$$\ln(\sigma_t^2) = \omega + \phi \ln(\sigma_{t-1}^2) + \eta_t$$

が用いられる．ここで，η_t はホワイト・ノイズの確率変数であり，t 期のボラティリティ σ_t^2 に対するショックを表す．こうした定式化の下では，η_t が存在するため，σ_t^2 の値が $t-1$ 期に既知にならない．したがって，ARCH 型モデルと異なり，SV モデルでは σ_t^2 は条件付き分散 $\mathrm{Var}_{t-1}(R_t)$ にならないことに注意しよう．

1.4 ボラティリティの変動と尖度

表 1.2 (c) には，TOPIX 日次変化率に AR(2) モデルを当てはめた残差 $\{\hat{\epsilon}_3, \hat{\epsilon}_4, \ldots, \hat{\epsilon}_T\}$ の基本統計量が計算されているが，そこでの尖度も 8.276 と正規分布の尖度 3 を大きく上回っている．本節では，この ϵ_t の尖度の高さ（すなわち，分布の裾の厚さ）を (1.25) 式を使って考えてみることにしよう．

ϵ_t の尖度が高いということは，(1.25) 式の z_t の尖度が高いということを意味するのであろうか？ 実は，かならずしもそうとはいえない．z_t がたとえ標準正規分布に従っていても，ボラティリティ σ_t^2 が日々変動するのであれば，ϵ_t の尖度は 3 を上回るのである．

このことを示すために，ϵ_t^4 の無条件の期待値

$$\mathrm{E}(\epsilon_t^4) = \mathrm{E}(\sigma_t^4 z_t^4)$$

について考えよう．σ_t と z_t は互いに独立なので，σ_t^4 と z_t^4 は無相関であり，したがって，

$$\mathrm{E}(\sigma_t^4 z_t^4) = \mathrm{E}(\sigma_t^4)\mathrm{E}(z_t^4)$$

と表せる．ここでイェンセン（Jensen）の不等式より

$$\mathrm{E}(\sigma_t^4) \geq \mathrm{E}(\sigma_t^2)^2$$

となることに注意すると，次の関係が成り立つことがわかる．

$$\mathrm{E}(\epsilon_t^4) = \mathrm{E}(\sigma_t^4)\mathrm{E}(z_t^4) \geq \mathrm{E}(\sigma_t^2)^2 \mathrm{E}(z_t^4) \tag{1.30}$$

等号が成り立つのは，ボラティリティ σ_t^2 が時間を通じて一定の場合のみである．

また，σ_t^2 を条件とする ϵ_t^2 の条件付き期待値 $\mathrm{E}(\epsilon_t^2|\sigma_t^2)$ は，(1.25) 式より，

$$\mathrm{E}(\epsilon_t^2|\sigma_t^2) = \mathrm{E}(\sigma_t^2 z_t^2|\sigma_t^2) = \sigma_t^2 \mathrm{E}(z_t^2|\sigma_t^2) = \sigma_t^2 \mathrm{E}(z_t^2) = \sigma_t^2$$

である（特に，ARCH 型モデルの場合には，σ_t^2 の値が $t-1$ 期に既知なので，$\sigma_t^2 = \mathrm{E}_{t-1}(\epsilon_t^2)$ となる）．そこで，$\sigma_t^2 = \mathrm{E}(\epsilon_t^2|\sigma_t^2)$ の両辺の無条件期待値をとると，

$$\mathrm{E}(\sigma_t^2) = \mathrm{E}(\mathrm{E}(\epsilon_t^2|\sigma_t^2)) = \mathrm{E}(\epsilon_t^2)$$

となり，これと (1.30) 式から，

$$\mathrm{E}(\epsilon_t^4) \geq \mathrm{E}(\sigma_t^2)^2 \mathrm{E}(z_t^4) = \mathrm{E}(\epsilon_t^2)^2 \mathrm{E}(z_t^4) \tag{1.31}$$

が成り立つことがわかる．

最後に (1.31) 式の両辺を $\mathrm{E}(\epsilon_t^2)^2$ で割ると，

$$\frac{\mathrm{E}(\epsilon_t^4)}{\mathrm{E}(\epsilon_t^2)^2} \geq \mathrm{E}(z_t^4)$$

となり，z_t が標準正規分布に従う場合，$\mathrm{E}(z_t^4) = 3$ なので，たとえ z_t が標準正規分布に従うとしてもボラティリティ σ_t^2 が時間を通じて変動するなら ϵ_t の尖度 $\mathrm{E}(\epsilon_t^4)/\mathrm{E}(\epsilon_t^2)^2$ は 3 を上回ることがわかる．

ただし，これは，z_t の分布が標準正規分布であり，ϵ_t の尖度の高さがボラティリティの変動だけで完全に説明できるといっているのではないことに注意していただきたい．たとえボラティリティが日々変動するとしても，z_t 自体が

裾の厚い分布に従っている可能性はある．TOPIX 日次変化率の z_t がどのような分布に従っているかについてはついては，2.4.2 項で分析を行っている．

1.5 補論

1.5.1 Ljung/Box 統計量

時系列データ $\{y_1, y_2, \ldots, y_T\}$ が与えられたとき，その 1 次から m 次までの標本自己相関係数は，$\bar{y}$ を $\{y_1, y_2, \ldots, y_T\}$ の標本平均とすると，

$$\hat{\rho}(k) = \frac{\sum_{t=k+1}^{T}(y_t - \bar{y})(y_{t-k} - \bar{y})}{\sum_{t=1}^{T}(y_t - \bar{y})^2}, \quad k = 1, 2, \ldots, m$$

として計算される．

Ljung/Box [1978] 統計量 LB(m) は，この標本自己相関係数を使って次のように計算される．

$$\mathrm{LB}(m) = T(T+2) \sum_{k=1}^{m} \frac{\hat{\rho}^2(k)}{T-k} \tag{1.32}$$

この統計量は，1 次から m 次までの（真の）自己相関係数がすべてゼロであるという帰無仮説の下で，漸近的に自由度 m のカイ 2 乗分布に従う．そこで，統計の教科書についているカイ 2 乗分布表の自由度 m の行から有意水準に対応した臨界値を選び，標本から計算される LB(m) の値がそれを越えた場合に，帰無仮説を棄却すればよい．AR(p) モデルの診断では，残差 $\{\hat{\epsilon}_{p+1}, \hat{\epsilon}_{p+2}, \ldots, \hat{\epsilon}_T\}$ に対して，Ljung/Box 検定を行えばよい．ただし，その場合の自由度は $m-p-1$ である．

Ljung/Box 統計量に似たものに，Box/Pierce [1970] 統計量

$$\mathrm{BP}(m) = T \sum_{k=1}^{m} \hat{\rho}^2(k)$$

がある．これも，漸近的に（T が十分大きい場合に）は自由度 m のカイ 2 乗分布に従うが，T が小さいときには，カイ 2 乗分布による近似が Ljung/Box 統計量に比べて悪いため，Ljung/Box 検定を用いるのが望ましい．

Diebold [1988] は，1.3 節で説明した ARCH 型モデルに従う時系列データの場合，(1.32) 式を使って Ljung/Box 統計量を計算すると，自己相関がない

という帰無仮説が必要以上に棄却されてしまうことを明らかにしている．また，Diebold [1988] は，そのような場合，次のような修正された Ljung/Box 統計量を用いるべきだとしている[*9)]．

$$\text{LB}(m) = T(T+2) \sum_{k=1}^{m} \left(\frac{\hat{\sigma}^4}{\hat{\sigma}^4 + \gamma_{y^2}(k)} \right) \frac{\hat{\rho}^2(k)}{T-k}$$

この式で，$\hat{\sigma}^4$ は時系列データ $\{y_1, y_2, \ldots, y_T\}$ の標本分散の 2 乗，また，$\gamma_{y^2}(k)$ は $\{(y_1-\bar{y})^2, (y_2-\bar{y})^2, \ldots, (y_T-\bar{y})^2\}$ の k 次の標本自己共分散を表す．

1.5.2　連続複利計算

話を簡単にするために，ここでは，銀行預金を例にとって説明を行う．年利 $r(2) \times 100\%$ の半年複利の預金に A 円を 1 年間預けたとしよう．半年複利とは，A 円に半年後 $r(2)/2 \times 100\%$ の利子がつき，元金にその利子を加えた $(1+r(2)/2)A$ 円にさらに半年後 $r(2)/2 \times 100\%$ の利子がつくことをいう（$r(2)$ の (2) は利子が年 2 回支払われることを意味する）．したがって，1 年後に受け取る金額を B 円とすると，

$$B = \left(1 + \frac{r(2)}{2}\right)^2 A$$

となる．

より一般的に，年利 $r(n) \times 100\%$ の年間 n 回複利で利子が支払われる預金に A 円を預けたとすると，1 年後に受け取る金額は，

$$B = \left(1 + \frac{r(n)}{n}\right)^n A$$

である．$h = n/r(n)$ とおくと，この式は，

$$B = \left[\left(1 + \frac{1}{h}\right)^h\right]^{r(n)} A$$

と書き換えられ，ここで，n を無限大にする．$r(\infty)$ が有限であるとすると，h も無限大になるので，

$$e = \lim_{h \to \infty} \left(1 + \frac{1}{h}\right)^h$$

[*9)]　Diebold/Lopez [1995] も参照のこと．

によって定義される自然対数の底 e を使うと,
$$B = e^{r(\infty)} A$$
となることがわかる.ここで,$e^{r(\infty)}$ は,このままだと指数部分が長く不格好なので,$\exp[r(\infty)]$ と表すこともある.

n が無限大ということは(現実にはあり得ないことだが),瞬時瞬時連続的に利子が支払われるということである.この式の両辺の対数をとって $r(\infty)$ について解くと,
$$r(\infty) = \ln(B) - \ln(A)$$
となる.この例では,$r(\infty) \times 100$ は年利であるが,それを $t-1$ 期から t 期までの収益率 R_t であると考え,$B = P_t, A = P_{t-1}$ とすると,(1.15) 式が得られる.

(1.15) 式は次のようにも書き換えられる.
$$R_t = \ln\left(1 + \frac{P_t - P_{t-1}}{P_{t-1}}\right) \times 100$$

そこで,$\frac{P_t - P_{t-1}}{P_{t-1}}$ が十分小さいなら,$\ln\left(1 + \frac{P_t - P_{t-1}}{P_{t-1}}\right)$ は $\frac{P_t - P_{t-1}}{P_{t-1}}$ にほぼ等しいので[*10],TOPIX 変化率を $\frac{P_t - P_{t-1}}{P_{t-1}} \times 100$ で計算しても (1.15) 式によって計算しても大差ない.ただ,価格変化率を (1.15) 式のように定義しておくと,例えば,t 期から $t+s$ 期までの価格変化率を,その間の各期の価格変化率の和 $R_{t+1} + R_{t+2} + \cdots + R_{t+s}$ として計算できるので便利である.

1.5.3 White の標準誤差

誤差項に分散不均一性がある場合には,パラメータの推定値の標準誤差を通常どおり計算すると,正しい値を下回るので,必要以上に仮説を棄却してしまう傾向があることが知られている.

[*10] $\ln(1+x)$ を $x=0$ においてテーラー展開すると,
$$\ln(1+x) = \sum_{n=1}^{\infty} \frac{(-1)^{n-1}}{n} x^n$$
となり,x が小さいとき x^2 より高次の項は無視できるので,
$$\ln(1+x) \approx x$$

White [1980] は，誤差項に分散不均一性がある場合でも一致性（T が十分大きい場合には，正しい値になるという性質）を満たすような標準誤差（heteroskedasticity-consistent standard error）の求め方を示しており，誤差項に分散不均一性があるような場合には，そちらを計算するのが望ましい．(1.8) 式で与えられる AR(p) モデルの場合，まず，

$$\boldsymbol{x}_t = [1, R_{t-1}, R_{t-2}, \ldots, R_{t-p}]'$$

として，

$$Q = \sum_{t=p+1}^{T} \boldsymbol{x}_t \boldsymbol{x}_t', \quad \Omega = \sum_{t=p+1}^{T} \hat{\epsilon}_t^2 \boldsymbol{x}_t \boldsymbol{x}_t'$$

を計算する．次にそれらを使って $Q^{-1}\Omega Q^{-1}$ を計算すると，その対角成分の平方根がそれぞれパラメータ $(a, b_1, b_2, \ldots, b_p)$ の White [1980] の標準誤差となる．詳しくは，Hamilton（1994a, pp.218–220）を参照のこと．

1.5.4 決 定 係 数

決定係数 R^2 とは，R_t の変動のうちのモデルによって説明される変動

$$\sum_{t=p+1}^{T} (\hat{R}_t - \bar{R})^2$$

を R_t の全変動

$$\sum_{t=p+1}^{T} (R_t - \bar{R})^2$$

で割ったものである．ここで，$\bar{R}$ は標本 $\{R_1, R_2, \ldots, R_T\}$ の標本平均，また，

$$\hat{R}_t = \hat{a} + \hat{b}_1 R_{t-1} + \hat{b}_2 R_{t-2} + \cdots + \hat{b}_p R_{t-p}$$

である．決定係数は必ず 0 から 1 までの値をとり，1(0) に近いほど，モデルによって説明される変動の割合が大きい（小さい）ので，モデルの当てはまりが良い（悪い）ことになる．

説明変数の数を増やすとモデルの当てはまりが良くなるので決定係数は上昇するが，一方で，推定しなければならないパラメータが増えるので推定に伴う誤差が大きくなる．こうした説明変数の数を増やすことのマイナス面は決定係

数にはまったく反映されておらず,それが反映されるように決定係数を修正したものが自由度修正済み決定係数である(これは,ちょうど,AICやSICにおいて,パラメータを増やすことに対してペナルティーを課したのと同じことである).

説明変数の数が p の場合,自由度修正済み決定係数 $\bar{R}^2$ は次のように計算される.

$$\bar{R}^2 = 1 - \frac{\sum_{t=p+1}^{T}(R_t - \hat{R}_t)^2/(T-p-1)}{\sum_{t=1}^{T}(R_t - \bar{R})^2/(T-1)}$$

1.5.5 市場の情報効率性

通常,情報に関する弱度(weak form)の効率性が満たされているかどうかのテストとしては,株式収益率を用いた自己相関の有無の検定が行われる.TOPIX日次変化率には有意な自己相関が存在するので,情報に関する弱度(weak form)の効率性は満たされていないことになる.ただし,TOPIXのような株価指数の変化率には有意な正の自己相関が生じやすいことが知られている.この理由としてよくあげられるのは,指数を構成している企業の株式の取引される頻度が異なること(non-synchronous trading)である.

いま,A社の株はB社の株に比べてそれほど頻繁に取引されていないものとしよう.そうすると,両社の株式に影響を与えるような情報が入ってきたときに,まず,B社の株価が反応し,遅れてA社の株価が反応することになるので,両社の株価変化率の平均値には自己相関が生じることになる.株価指数変化率の自己相関のnon-synchronous tradingによる説明については,Campbell/Lo/Mackinlay [1997, Section 3.1] を参照のこと.

これに対して,さらに証券アナリストの予想,決算情報など新聞等から公に入手できる情報を使ってもリスク・プレミアムを上回る超過収益が期待できない場合,情報に関する準強度の(semi strong form)の効率性が満たされているといい,さらに企業内部の極秘情報を用いてもリスク・プレミアムを上回る超過収益が期待できない場合には,情報に関する強度(strong form)の効率性が満たされているという.

2

ARCH型モデル

2.1 ARCH型モデルの発展

ARCHモデルの登場後，それを発展させたモデルが続々と登場することになる．株式収益率の時系列分析における興味の対象は，ARCHモデルの登場により，株式収益率そのものの変動からボラティリティの変動に移ったといっても過言ではない．本節では，そうしたARCHモデルを発展させたモデルについて，比較的よく使われるGARCH, GJR, EGARCHモデルを中心に解説を行う．

2.1.1 ボラティリティに対するショックの持続性とARCH, GARCHモデル

ボラティリティのショックには持続性があり，ボラティリティが上昇（低下）した後には高い（低い）ボラティリティの期間がしばらく続くことが知られている．このことを確かめるために，表1.3(b)に示されているARCHモデルのパラメータの推定値をもう一度みてみよう．α_1からα_5まですべて正の推定値が得られており，このことは，収益率に予期せざる大きな変動があると，その後しばらくの間収益率の変動の大きな期間が続くことを意味する．このようにボラティリティが上昇（低下）した後には高い（低い）ボラティリティの期間がしばらく続くという現象は，volatility clusteringとよばれ，TOPIX日次変化率に限らず，ほとんどの資産価格の日次あるいは週次データで観測されている．

1.3節ですでに述べたように，Engle [1982] は，こうしたボラティリティに対するショックの持続性を考慮し，ボラティリティσ_t^2を過去の収益率の予期

2.1 ARCH 型モデルの発展

せざるショックの 2 乗 $\epsilon_{t-1}^2, \epsilon_{t-2}^2, \ldots, \epsilon_{t-q}^2$ の線形関数として次のように定式化した (ϵ_t および σ_t の定義については (1.24),(1.25) 式を参照のこと).

$$\sigma_t^2 = \omega + \sum_{j=1}^{q} \alpha_j \epsilon_{t-j}^2, \quad \omega > 0, \quad \alpha_j \geq 0, \quad j = 1, 2, \ldots, q$$

このモデルは次数 q の ARCH モデルまたは ARCH(q) モデルとよばれる.パラメータに非負制約を課すのは,ボラティリティ σ_t^2 の非負性を保証するためである.

その後,Bollerslev [1986] によって,ボラティリティの説明変数に過去の予期せざるショックの 2 乗だけでなく,過去のボラティリティの値を加えた次のようなモデルが提案された.

$$\sigma_t^2 = \omega + \sum_{i=1}^{p} \beta_i \sigma_{t-i}^2 + \sum_{j=1}^{q} \alpha_j \epsilon_{t-j}^2, \tag{2.1}$$
$$\omega > 0, \quad \beta_i, \alpha_j \geq 0, \quad i = 1, 2, \ldots, p; j = 1, 2, \ldots, q$$

このモデルは,$p = 0$ とすると ARCH(q) モデルになるので,ARCH モデルを含むより一般的なモデルである.そこで,ARCH モデルを一般化したという意味で,GARCH (generalized ARCH) モデルとよばれる(より正確にいうと GARCH(p,q) モデルである).GARCH モデルでもボラティリティ σ_t^2 の非負性を保証するためパラメータに非負制約が必要となる[*1].

ここで,GARCH モデルの中で最も簡単な GARCH(1,1) モデル

$$\sigma_t^2 = \omega + \beta \sigma_{t-1}^2 + \alpha \epsilon_{t-1}^2 \tag{2.2}$$

を例にとって,ARCH モデルとの関係を考えてみよう.(2.2) 式の右辺の σ_{t-1}^2 に,

$$\sigma_{t-1}^2 = \omega + \beta \sigma_{t-2}^2 + \alpha \epsilon_{t-2}^2$$

を代入すると,

$$\sigma_t^2 = \omega(1+\beta) + \beta^2 \sigma_{t-2}^2 + \alpha(\epsilon_{t-1}^2 + \beta \epsilon_{t-2}^2)$$

となり,この右辺の σ_{t-2}^2 に,さらに,

[*1] Nelson/Cao [1992] は,こうした GARCH モデルのパラメータの非負制約がもう少し緩められることを示している.

$$\sigma_{t-2}^2 = \omega + \beta\sigma_{t-3}^2 + \alpha\epsilon_{t-3}^2$$

を代入するといった操作を繰り返してゆくと，$\beta < 1$ であれば，

$$\sigma_t^2 = \frac{\omega}{1-\beta} + \alpha\sum_{i=1}^{\infty}\beta^{i-1}\epsilon_{t-i}^2 \tag{2.3}$$

と書き換えられる[*2]．このことから，GARCH(1,1) モデルは ARCH(∞) モデルでもあることがわかる．実際のデータに ARCH, GARCH モデルを当てはめたときに，ARCH モデルでは長い次数が選ばれるのに対して，GARCH モデルでは最も簡単な GARCH(1,1) モデルが選ばれることが多い（次数選択については，2.2.4 項を参照のこと）．その理由の 1 つとして，GARCH(1,1) モデルが次数無限大の ARCH モデルに対応することがあげられる．

すでに述べたように，資産価格のボラティリティはいったん上昇（低下）すると，その後しばらくの間ボラティリティの高い（低い）日が続くことが知られており，ARCH, GARCH モデルはこうしたボラティリティに対するショックの持続性を捉えることができる．

例えば，GARCH(1,1) モデルでは，ボラティリティに対するショックの持続性を $\alpha+\beta$ の値によって測ることができる．前章の (1.27) 式からわかるように，ボラティリティ σ_t^2 は ϵ_t^2 の予測値（正確にいうと，条件付き期待値 $E_{t-1}(\epsilon_t^2)$）である．そこで，その予測誤差 $\epsilon_t^2 - E_{t-1}(\epsilon_t^2)$ を e_t とすると，

$$\epsilon_t^2 = \sigma_t^2 + e_t$$

と表すことができる．それを 1 期ずらした

$$\epsilon_{t-1}^2 = \sigma_{t-1}^2 + e_{t-1}$$

を (2.2) 式に代入すると，

$$\sigma_t^2 = \omega + (\alpha+\beta)\sigma_{t-1}^2 + \alpha e_{t-1} \tag{2.4}$$

[*2] ラグ・オペレータ L ($Lx_t = x_{t-1}$) を知っている人であれば，(2.2) 式を，

$$\sigma_t^2 = \frac{1}{1-\beta L}(\omega + \alpha\epsilon_{t-1}^2)$$

と書き直し，

$$\frac{1}{1-\beta L}x_t = \sum_{i=0}^{\infty}\beta^i L^i x_t$$

となることを使えばよい．

が得られる.これは,1.1 節で説明した AR(1) モデルである.(2.4) 式は,

$$h_t = \sigma_t^2 - \frac{\omega}{1-\alpha-\beta}$$

とおくと,さらに,

$$h_t = (\alpha+\beta)h_{t-1} + \alpha e_{t-1} \qquad (2.5)$$

と書き換えられる.ここで,$h_0 = 1$ であり,また,その後のボラティリティにはショックはない ($e_t = 0\,(t \geq 0)$) とすると,

$$h_1 = \alpha+\beta,\, h_2 = (\alpha+\beta)^2,\ldots,h_t = (\alpha+\beta)^t,\ldots$$

となるので,$\alpha+\beta<1$ であれば,h_t は時間とともに,0 に近づいてゆく.h_t が 0 に近づいてゆくということは,σ_t^2 がその定常値である $\omega/(1-\alpha-\beta)$ に近づいてゆくことを意味する.したがって,h_t の 0 に近づくスピードは,$\alpha+\beta$ の大きさで測ることができ,それが 1 に近いほど,ショックが長い期間持続することになる.

$\alpha+\beta = 1$ の場合には,

$$h_1 = 1,\, h_2 = 1,\ldots,h_t = 1,\ldots$$

となり,0 期に起きたショックは永久に消滅しない.GARCH(1,1) モデルを株式収益率の日次データに当てはめると,$\alpha+\beta$ の推定値は決まって 1 に非常に近い値が得られる.したがって,そのような可能性がないとはいい切れない[*3].

そこで,Engle/Bollerslev [1986] は,(2.2) 式において $\alpha+\beta = 1,\, \omega = 0$ とした IGARCH (integrated GARCH) モデルを提案している[*4].また,Engle/Lee [1999] は,ボラティリティを 2 つの成分に分け,一方が持続性の高い成分であり,もう一方が持続性の低い成分であるモデルを提案している.Baillie/Bollerslev/Mikkelsen [1996] は,(2.2) 式を長期記憶(long memory)モ

[*3)] これは為替レートのデータで特に顕著である.Bollerslev/Chou/Kroner [1992, pp.41–42] 参照.

[*4)] $\alpha+\beta$ の推定値が 1 に近いのは,ボラティリティのショックに高い持続性があるからではなく,標本期間の中で構造変化があり,それによって無条件分散の値がシフトしたからではないかとする意見もある.これについては,Diebold [1986],Lamoureux/Lastrapes [1990a] を参照のこと.また,構造変化のある場合の GARCH モデルの推定については,Shimonato [1992],Hamilton/Susmel [1994] を参照のこと.

デルの1つである分数和分（fractionally integrated）モデルに置き換えたFI-GARCHモデルを提案している*5).

2.1.2 ボラティリティ変動の非対称性とGJR, EGARCHモデル

ARCHモデルおよびそれを一般化したGARCHモデルは，株式収益率のボラティリティの変動を表すモデルとしては，1つ大きな欠点をもっている．実は，株式収益率のボラティリティは，株価が上がった日の翌日よりも株価が下がった日の翌日のほうが上昇する傾向があることが経験的に知られており（Black [1976], Christie [1982]参照），こうした前日に株価が上がったか下がったかによるボラティリティ変動の非対称性はGARCHモデルやARCHモデルでは捉えることができないのである*6).

そこで，その後，こうしたボラティリティ変動の非対称性を取り入れたモデルが続々と登場することになる．そうしたモデルの代表的なものに，Glosten/Jagannathan/Runkle [1993]によるモデル（通常，著者の3人の頭文字をとってGJRモデルとよぶ）やNelson [1991]のEGARCH（exponential GARCH）モデルがある．本項では，以下，この2つのモデルについて解説を行う．

a. GJRモデル

GJRモデルでは，ϵ_{t-1}が負であれば1，それ以外ではゼロであるようなダミー変数D_{t-1}^-を用いることによって，ボラティリティ変動の非対称性を捉えようとする．具体的には，GJR(p,q)モデルはボラティリティ変動を次のように定式化する．

$$\sigma_t^2 = \omega + \sum_{i=1}^{p} \beta_i \sigma_{t-i}^2 + \sum_{j=1}^{q}(\alpha_j \epsilon_{t-j}^2 + \gamma_j D_{t-j}^- \epsilon_{t-j}^2), \tag{2.6}$$

---

*5) 長期記憶モデルや分数和分モデルについて詳しくは，Ding/Granger/Engle [1993], Beran [1994], Baillie [1996], Brock/de Lima [1996]等を参照のこと．

*6) ボラティリティ変動にこうした非対称性が観測されるのは株式市場だけである．渡部/大鋸 [1996]は，日本の商品先物市場においてこうした非対称性が観測されないことを明らかにしている．また，渡部 [1996], Watanabe [1997a]では，東アジアの日次株価変化率にEGARCHモデルを当てはめ，ボラティリティ変動の非対称性が，台湾，タイ，香港，マレーシア，韓国，シンガポールでは観測されるのに対して，インドネシアとフィリピンでは観測されないという結果を得ている．

$$\omega > 0, \quad \beta_i, \alpha_j, \gamma_j \geq 0, \quad i = 1, 2, \ldots, p; j = 1, 2, \ldots, q$$

このモデルでも，ボラティリティの値が負にならないために，パラメータに非負制約が必要となる．

これでは少々わかりにくいので，最も簡単な GJR(1,1) モデル

$$\sigma_t^2 = \omega + \beta\sigma_{t-1}^2 + \alpha\epsilon_{t-1}^2 + \gamma D_{t-1}^{-}\epsilon_{t-1}^2, \quad \omega > 0, \quad \alpha, \beta, \gamma \geq 0 \quad (2.7)$$

について考えることにしよう．前日の予測誤差 ϵ_{t-1} が負であれば，$D_{t-1}^{-} = 1$ なので，(2.7) 式は，

$$\sigma_t^2 = \omega + \beta\sigma_{t-1}^2 + (\alpha + \gamma)\epsilon_{t-1}^2 \quad (2.8)$$

となる．これに対して，ϵ_{t-1} が正であれば，$D_{t-1}^{-} = 0$ なので，

$$\sigma_t^2 = \omega + \beta\sigma_{t-1}^2 + \alpha\epsilon_{t-1}^2 \quad (2.9)$$

となる．そこで，$\gamma > 0$ であれば，予期せず価格が上がった日の翌日よりも予期せず価格が下がった日の翌日のほうがボラティリティがより上昇することになる．

b. EGARCH モデル

GJR モデルは，ARCH モデルや GARCH モデルでは捉えることのできないボラティリティ変動の非対称性を捉えることができる．しかし，GJR モデルでは，GARCH モデル同様，ボラティリティが負にならないようパラメータに非負制約を課す必要がある．こうした制約があるとパラメータの推定の際厄介であり，できればないに越したことはない．

Nelson [1991] は，ボラティリティを被説明変数とするのではなく，その対数値を被説明変数とすることによって，こうしたパラメータの非負制約を取り除いている．彼の提案したモデルは EGARCH モデルとよばれ，最も簡単な EGARCH(1,1) モデルではボラティリティの変動は次のように定式化される．

$$\ln(\sigma_t^2) = \omega + \beta\ln(\sigma_{t-1}^2) + \theta z_{t-1} + \gamma(|z_{t-1}| - \mathrm{E}(|z_{t-1}|)) \quad (2.10)$$

このようにボラティリティの対数値を被説明変数とすると，パラメータの非負制約が必要なくなるだけでなく，負の値をとるような変数でも説明変数に加えることができる．

そこで，Nelson [1991] は，過去の収益率の予測誤差 ϵ_{t-1} をボラティリティの平方根 σ_{t-1} で割って基準化した $z_{t-1}(=\epsilon_{t-1}/\sigma_{t-1})$ を説明変数に加えるこ

とにより，ボラティリティ変動の非対称性を捉えようとしている．(2.10) 式は，$z_{t-1} > 0$ であれば，

$$\ln(\sigma_t^2) = \omega + \beta \ln(\sigma_{t-1}^2) + (\gamma + \theta)|z_{t-1}| - \gamma \mathrm{E}(|z_{t-1}|) \tag{2.11}$$

となるのに対して，$z_{t-1} < 0$ であれば，

$$\ln(\sigma_t^2) = \omega + \beta \ln(\sigma_{t-1}^2) + (\gamma - \theta)|z_{t-1}| - \gamma \mathrm{E}(|z_{t-1}|) \tag{2.12}$$

となる．そこで，EGARCH(1,1) モデルでは，$\theta < 0$ であれば，予期せず価格が上がった日の翌日よりも予期せず価格が下がった日の翌日のほうがボラティリティがより上昇することになる．

EGARCH モデルでは，予測誤差 ϵ_{t-1} の絶対値ではなく，それをボラティリティの平方根 σ_{t-1} で割って基準化した $z_{t-1} (= \epsilon_{t-1}/\sigma_{t-1})$ の絶対値をボラティリティの説明変数としていることに注意しよう．z_{t-1}^2 の変動と σ_{t-1}^2 の変動とは独立である．そこで，EGARCH(1,1) モデルでボラティリティのショックの持続性を調べるには，β の値だけみればよい．これに対して，GARCH(1,1) モデルは，予測誤差の 2 乗 ϵ_{t-1}^2 をボラティリティの説明変数としている．ϵ_{t-1}^2 には σ_{t-1}^2 の変動が含まれているため，GARCH(1,1) モデルでボラティリティのショックの持続性を調べる際には，$\alpha + \beta$ の値をみなければならないのである．

より一般的な EGARCH(p,q) モデルでは，ボラティリティの変動は次のように定式化される．

$$\begin{aligned}\ln(\sigma_t^2) = \omega &+ \sum_{i=1}^{p} \beta_i \ln(\sigma_{t-i}^2) \\ &+ \sum_{j=1}^{q} \alpha_j [\theta z_{t-j} + \gamma(|z_{t-j}| - \mathrm{E}(|z_{t-j}|))] \end{aligned} \tag{2.13}$$

Bollerslev/Mikkelsen [1996] は，(2.10) 式を分数和分（fractionally integrated）モデルに置き換えた FIEGARCH モデルを提案している．

2.1.3 その他の ARCH 型モデル

ARCH モデルを発展させたモデルには，GARCH, GJR, EGARCH モデル以外にも数多くのモデルがある．以下では，そうしたモデルのいくつかを列挙しておく．

- absolute residual モデル（Taylor [1986], Schwert [1989]）

$$\sigma_t = \omega + \sum_{i=1}^{p} \beta_i \sigma_{t-i} + \sum_{j=1}^{q} \alpha_j |\epsilon_{t-j}| \quad (2.14)$$

- NGARCH（nonlinear GARCH）モデル（Engle/Bollerslev [1986], Higgins/Bera [1992]）

$$\sigma_t^\gamma = \omega + \sum_{i=1}^{p} \beta_i \sigma_{t-i}^\gamma + \sum_{j=1}^{q} \alpha_j |\epsilon_{t-j} - k|^\gamma \quad (2.15)$$

ここで，γ, k は定数である．このモデルで，特に $\gamma = 2$ としたものが，Engle [1990] の AGARCH（asymmetric GARCH）モデルである．

- QGARCH（quadratic GARCH）モデル（Sentana [1995]）

$$\sigma_t^2 = \omega + \sum_{i=1}^{p} \beta_i \sigma_{t-i}^2 + \sum_{j=1}^{q} \psi_j \epsilon_{t-j} + \sum_{k=1}^{q} \sum_{l=1}^{q} \alpha_{kl} \epsilon_{t-k} \epsilon_{t-l} \quad (2.16)$$

このモデルで $\alpha_{kl} = 0 \ (k \neq l)$ とすると AGARCH モデルになる．

- TGARCH（threshold GARCH）モデル（Zakoian [1994]）

$$\sigma_t^\gamma = \omega + \sum_{i=1}^{p} \beta_i \sigma_{t-i}^\gamma + \sum_{j=1}^{q} (\alpha_j^+ D_{t-j}^+ |\epsilon_{t-j}|^\gamma + \alpha_j^- D_{t-j}^- |\epsilon_{t-j}|^\gamma) \quad (2.17)$$

ここで，D_{t-j}^+ は ϵ_{t-j} が正であれば 1，それ以外ではゼロであるようなダミー変数，逆に，D_{t-j}^- は ϵ_{t-j} が負であれば 1，それ以外ではゼロであるようなダミー変数である．このモデルで $\gamma = 1$ としたものが，Zakoian [1994] の TGARCH モデルである．また，$\gamma = 2$ とすると，前項で解説した GJR モデルになる．

2.2 ARCH 型モデルの推定法

2.2.1 最尤法

ARCH 型モデルのパラメータは，最尤法とよばれる方法を使えば簡単に推定することができる．以下，ARCH 型モデルのパラメータの最尤推定を，GARCH(p,q) モデル

$$R_t = \mathrm{E}_{t-1}(R_t) + \epsilon_t \tag{2.18}$$

$$\epsilon_t = \sigma_t z_t, \quad \sigma_t > 0, \quad \mathrm{E}(z_t) = 0, \quad \mathrm{Var}(z_t) = 1 \tag{2.19}$$

$$\sigma_t^2 = \omega + \sum_{i=1}^p \beta_i \sigma_{t-i}^2 + \sum_{j=1}^q \alpha_j \epsilon_{t-j}^2, \tag{2.20}$$

$$\omega > 0, \quad \beta_i, \alpha_j \geq 0, \quad i = 1, 2, \ldots, p; j = 1, 2, \ldots, q$$

を例にとって解説する．その他の ARCH 型モデルの推定も同様にして行うことができる．最尤法を使うためには，z_t の分布を特定化する必要がある．ここでは，z_t は標準正規分布に従うものとしよう（他の分布については，2.4.2 項を参照のこと）．z_t の分布が標準正規分布である場合，EGARCH モデル (2.10) 式の右辺の $\mathrm{E}(|z_{t-1}|)$ および (2.13) 式の右辺の $\mathrm{E}(|z_{t-j}|)$ はすべて $\sqrt{2/\pi}$ になる．

株式収益率の標本 $\{R_t\}_{t=1}^{T'}$ に第 1 章で説明したように AR(m) モデルを当てはめ，残差

$$\{\hat{\epsilon}_t{}'\}_{t=m+1}^{T'}$$

が得られたとしよう．ここで，期を表す t は $m+1$ から T' までとなっているが，以下では，それを 1 から $T(=T'-m)$ までに直し，残差を $\{\hat{\epsilon}_t\}_{t=1}^T$ と表すことにする．また，簡単化のため，ここでは，こうして計算された残差 $\{\hat{\epsilon}_t\}_{t=1}^T$ が $\{\epsilon_t\}_{t=1}^T$ にほぼ等しいと考え，$\{\epsilon_t\}_{t=1}^T$ が既知であるものとして話を進める．

GARCH(p,q) モデルの未知のパラメータ

$$(\omega, \beta_1, \beta_2, \ldots, \beta_p, \alpha_1, \alpha_2, \ldots, \alpha_q)$$

（以下，それらをすべてひっくるめて，$\boldsymbol{\theta}$ で表すことにする）にある値が与えられたときに，それを条件とする $\{\epsilon_t\}_{t=1}^T$ の条件付き密度

$$f(\{\epsilon_t\}_{t=1}^T | \boldsymbol{\theta})$$

のことを尤度とよび，L で表す．また，$\boldsymbol{\theta}$ の値を変えると尤度の値も変わるので，尤度を $\boldsymbol{\theta}$ の関数と考えたものを尤度関数とよび，$L(\boldsymbol{\theta})$ と表す．最尤法とは，尤度を最大化する $\boldsymbol{\theta}$ の値を $\boldsymbol{\theta}$ の推定値とする方法である．尤度とは，直観的にいうと，$\boldsymbol{\theta}$ のある値の下で，$\{\epsilon_t\}_{t=1}^T$ が得られる可能性を表す．したがって，尤度を最大にするパラメータの値を選ぶということは，$\{\epsilon_t\}_{t=1}^T$ が得られる可能性が最も高いパラメータの値を選ぶということにほかならない．

2.2 ARCH 型モデルの推定法

GARCH(p,q) モデルの最尤推定で通常用いられるのは，厳密な尤度 $L = f(\{\epsilon_t\}_{t=1}^T|\boldsymbol{\theta})$ ではなく，条件の中に未知のパラメータだけでなく，$\{\sigma_t^2\}_{t=-p+1}^0$ および $\{\epsilon_t^2\}_{t=-q+1}^0$ を加えた

$$L = f(\{\epsilon_t\}_{t=1}^T|\{\sigma_t^2\}_{t=-p+1}^0, \{\epsilon_t^2\}_{t=-q+1}^0; \boldsymbol{\theta}) \tag{2.21}$$

である．以下では，条件の中に含まれる未知のパラメータ $\boldsymbol{\theta}$ は，書くのを省略する．ここで，

$$f(X,Y,Z) = f(Z|X,Y)f(X,Y) = f(Z|X,Y)f(Y|X)f(X)$$

であることに注意すると，修正された尤度 (2.21) は次のように表されることがわかる．

$$\begin{aligned}L = {} & f(\epsilon_1|\{\sigma_t^2\}_{t=-p+1}^0, \{\epsilon_t^2\}_{t=-q+1}^0) \\ & \times \prod_{s=2}^T f(\epsilon_s|\{\epsilon_t\}_{t=1}^{s-1}, \{\sigma_t^2\}_{t=-p+1}^0, \{\epsilon_t^2\}_{t=-q+1}^0)\end{aligned} \tag{2.22}$$

GARCH(p,q) モデルでは，パラメータと $\{\sigma_t^2\}_{t=-p+1}^0, \{\epsilon_t^2\}_{t=-q+1}^0$ の値が与えられると，(2.20) 式より，σ_1^2 が計算できる．これは，(2.22) 式の右辺の第 1 項

$$f(\epsilon_1|\{\sigma_t^2\}_{t=-p+1}^0, \{\epsilon_t^2\}_{t=-q+1}^0)$$

の分散である．また，その平均はゼロであり，仮定より，z_1 が標準正規分布に従うので，

$$f(\epsilon_1|\{\sigma_t^2\}_{t=-p+1}^0, \{\epsilon_t^2\}_{t=-q+1}^0)$$

は平均ゼロ，分散 σ_1^2 の正規分布の密度関数ということになる．さらに，ϵ_1 の値がわかると，(2.20) 式より，今度は，σ_2^2 が計算できる．これは，

$$f(\epsilon_2|\epsilon_1, \{\sigma_t^2\}_{t=-p+1}^0, \{\epsilon_t^2\}_{t=-q+1}^0)$$

の分散である．また，その平均はゼロであり，仮定より，z_2 も標準正規分布に従うので，$f(\epsilon_2|\epsilon_1, \{\sigma_t^2\}_{t=-p+1}^0, \{\epsilon_t^2\}_{t=-q+1}^0)$ は平均ゼロ，分散 σ_2^2 の正規分布の密度関数ということになる．これを繰り返してゆくと，(2.22) 式の右辺の条件付き密度がすべて求まり，尤度は，

$$L = \prod_{t=1}^{T} \frac{1}{\sqrt{2\pi\sigma_t^2}} \exp\left(-\frac{\epsilon_t^2}{2\sigma_t^2}\right) \qquad (2.23)$$

となる.この式の右辺の σ_t^2 は,すでに述べたように,

$$\{\epsilon_t\}_{t=-q+1}^{0}, \{\sigma_t^2\}_{t=-p+1}^{0}$$

からスタートして,(2.20) 式によって逐次的に計算される.$\{\epsilon_t\}_{t=-q+1}^{0}$,$\{\sigma_t^2\}_{t=-p+1}^{0}$ の値としては,通常,

$$\frac{1}{T}\sum_{t=1}^{T}\epsilon_t^2$$

が用いられる(Bollerslev [1986, p.316]).

このようにして計算される尤度を最大化するようなパラメータの値をコンピュータで数値的に計算し,それを推定値とすればよい.実際に尤度の最大化を行うときには,尤度そのものではなく,(2.23) 式の対数をとった対数尤度

$$\ln L = -\frac{T}{2}\ln(2\pi) - \frac{1}{2}\sum_{t=1}^{T}\ln(\sigma_t^2) - \frac{1}{2}\sum_{t=1}^{T}\frac{\epsilon_t^2}{\sigma_t^2} \qquad (2.24)$$

が用いられる((2.24) 式の右辺第 1 項 $-\frac{T}{2}\ln(2\pi)$ は定数なので,省いても構わない).

2.2.2 疑 似 最 尤 法

さて,尤度 (2.22) 式および対数尤度 (2.24) 式は,z_t が標準正規分布に従うという仮定の下で導かれたものである.ところが,z_t が実際に標準正規分布に従っているという保証はない.日次株式収益率の場合,通常,ϵ_t は正規分布よりも裾の厚い分布に従っている(TOPIX 日次変化率でもそうであることは表 1.2 (c) の尖度の値をみればわかる).1.4 節において,z_t の分布がたとえ標準正規分布であったとしても,ボラティリティが変動するなら ϵ_t の分布の裾は正規分布よりも厚くなることを示したが,だからといって,ϵ_t の分布の裾の厚さがボラティリティの変動だけで完全に説明できるかどうかはわからない.

先回りしていうと,TOPIX 日次変化率では,z_t も裾の厚い分布に従っており,ϵ_t の分布の裾の厚さはボラティリティの変動だけでは完全には説明できな

いことが 2.4.2 項で明らかになる．したがって，前項で説明した推定法は厳密な最尤法ではなく，実際には標準正規分布に従っていない z_t の分布を標準正規分布であると仮定して尤度を計算し，それを最大化していることになる．こうした方法は疑似最尤法（quasi-maximum likelihood estimation；QMLE）とよばれる．

しかし，疑似最尤推定法によるパラメータの推定量は一致性（標本の大きさ T が十分大きければ，推定値が正しい値に等しくなるという性質）を満たすことが Weiss [1984, 1986], Bollerslev/Wooldrige [1992], Lee/Hansen [1994], Lumsdaine [1996] らによって示されている．そこで，標本の大きさが十分大きい場合には，疑似最尤法によって推定を行ってもさほど問題ない．ただし，パラメータの標準誤差を計算する際には，最尤法（z_t が標準正規分布に従う）か疑似最尤法（z_t が標準正規分布に従わない）かで計算方法が異なるので注意を要する．これについては，次項で説明する．

2.2.3 推定量の標準誤差

Weiss [1984, 1986] は，疑似最尤推定量 $\hat{\boldsymbol{\theta}}_T^{(\mathrm{QML})}$ が漸近的に次のような分布に従うことを明らかにしている．

$$\sqrt{T}(\hat{\boldsymbol{\theta}}_T^{(\mathrm{QML})} - \boldsymbol{\theta}) \to N(0, A^{-1}BA^{-1}) \tag{2.25}$$

ここで，簡単化のため，

$$\ln f(\epsilon_t | \{\epsilon_i\}_{i=1}^{t-1}, \{\sigma_t^2\}_{t=-p+1}^{0}, \{\epsilon_t^2\}_{t=-q+1}^{0})$$

を

$$\ln f(\epsilon_t | \cdot)$$

で表すと，A, B はそれぞれ次のように定義される．

$$A = -\frac{1}{T} \sum_{t=1}^{T} \mathrm{E}\left(\frac{\partial^2 \ln f(\epsilon_t | \cdot)}{\partial \boldsymbol{\theta} \partial \boldsymbol{\theta}'}\right) \tag{2.26}$$

$$B = -\frac{1}{T} \sum_{t=1}^{T} \mathrm{E}\left(\left[\frac{\partial \ln f(\epsilon_t | \cdot)}{\partial \boldsymbol{\theta}}\right]\left[\frac{\partial \ln f(\epsilon_t | \cdot)}{\partial \boldsymbol{\theta}}\right]'\right) \tag{2.27}$$

ただし，(2.24) 式からわかるように，

$$\ln f(\epsilon_t|\cdot) = -\frac{1}{2}\ln(2\pi) - \frac{1}{2}\ln(\sigma_t^2) - \frac{1}{2}\frac{\epsilon_t^2}{\sigma_t^2} \qquad (2.28)$$

である.

(2.26) 式の右辺の

$$\mathrm{E}\left(\frac{\partial^2 \ln f(\epsilon_t|\cdot)}{\partial\boldsymbol{\theta}\partial\boldsymbol{\theta}'}\right)$$

は,実際には,疑似最尤法によって推定された $\boldsymbol{\theta}$ の値の下でのヘッセ行列 (Hessian)

$$\frac{\partial^2 \ln f(\epsilon_t|\cdot)}{\partial\boldsymbol{\theta}\partial\boldsymbol{\theta}'}$$

として計算される.また,(2.27) 式の右辺の

$$\mathrm{E}\left(\left[\frac{\partial \ln f(\epsilon_t|\cdot)}{\partial\boldsymbol{\theta}}\right]\left[\frac{\partial \ln f(\epsilon_t|\cdot)}{\partial\boldsymbol{\theta}}\right]'\right)$$

は,$\boldsymbol{\theta}$ の疑似最尤推定値の下での勾配 (gradient) の外積 (outer product)

$$\left[\frac{\partial \ln f(\epsilon_t|\cdot)}{\partial\boldsymbol{\theta}}\right]\left[\frac{\partial \ln f(\epsilon_t|\cdot)}{\partial\boldsymbol{\theta}}\right]'$$

として計算される.このようにして計算された A,B の値を使って

$$\frac{1}{T}A^{-1}BA^{-1}$$

を計算すると,その対角成分の平方根が疑似最尤推定量の標準誤差となる.

z_t の正しい分布が標準正規分布であれば,$A = B$ となることが知られている.そこで,最尤推定量 $\hat{\boldsymbol{\theta}}_T^{(\mathrm{ML})}$ の漸近分布は,

$$\sqrt{T}(\hat{\boldsymbol{\theta}}_T^{(\mathrm{ML})} - \boldsymbol{\theta}) \to N(0, A^{-1}) \qquad (2.29)$$

となり,最尤推定量の標準誤差は

$$\frac{1}{T}A^{-1}$$

の対角成分の平方根として計算される.

次節以降の ARCH 型モデルの推定では,z_t の分布が標準正規分布でない可能性を考慮に入れ,特に断らないかぎり,疑似最尤推定量の標準誤差を計算している.

2.2.4 次数選択

GARCHモデルの次数選択も，1.1節で説明したAICやSICといった情報量基準に基づいて行われることが多い．（疑似）最尤法によって推定されるモデルの場合，AIC, SICは，推定されたパラメータの下で対数尤度 $\ln L$ を計算し，その値を用いて次のように計算される．

$$\mathrm{AIC} = -2\ln L + 2n \tag{2.30}$$

$$\mathrm{SIC} = -2\ln L + n\ln(T) \tag{2.31}$$

ここで，n は推定されたパラメータの数であり，GARCH(p,q)モデルの場合には，$n = p + q + 1$ である．

しかし，こうした次数選択はあくまでも慣例であって，ARCH型モデルの場合，AICまたはSICを最小化するように選んだときに選ばれる次数の統計的な性質はまだよくわかっていないのである．他の次数選択の方法については，Bollerslev/Engle/Nelson [1994, pp.3010–3012] を参照のこと．

2.3 TOPIX日次変化率を用いたARCH型モデルの推定

本節では，TOPIXの日次変化率データを用いて，ARCH型モデルの中でよく用いられるGARCHモデル，GJRモデル，EGARCHモデルの推定を行い，TOPIX日次変化率のボラティリティ変動を表すにはどのモデルが最も適しているかを検討する．分析に用いたデータは，第1章の分析と同じく，1990年1月4日から1997年4月10日までのTOPIXの終値である．ARCH型モデルのパラメータの推定は，それを(1.15)式を使って変化率に直したものにAR(2)モデルを当てはめた残差 $\hat{\varepsilon}_t$ を用いて行った（詳しくは，1.2節参照）．

2.3.1 推定結果

まず最初に，次数選択のため，p を0から3まで，q を1から3まで変えた12組の (p,q) の組合せについて，それぞれ，GARCH(p,q), GJR(p,q), EGARCH(p,q) モデルの推定を行い，AICおよびSICを計算した．パラメータの推定には，前節で説明した疑似最尤法を用いている．$p = 0$ の場合の

表 2.1 ARCH 型モデルの推定

(a) GARCH(1,1) モデル
$$\sigma_t^2 = \omega + \beta\sigma_{t-1}^2 + \alpha\epsilon_{t-1}^2$$

パラメータ	ω	β	α	対数尤度
推定値	0.077	0.788	0.168	-2703.36
標準誤差	0.023	0.033	0.034	

(b) GJR(1,1) モデル
$$\sigma_t^2 = \omega + \beta\sigma_{t-1}^2 + \alpha\epsilon_{t-1}^2 + \gamma D_{t-1}^{-}\epsilon_{t-1}^2$$
$$D_{t-1}^{-} = \begin{cases} 1, & \epsilon_{t-1} < 0 \\ 0, & \text{それ以外} \end{cases}$$

パラメータ	ω	β	α	γ	対数尤度
推定値	0.048	0.841	0.050	0.174	-2671.63
標準誤差	0.013	0.021	0.023	0.045	

(c) EGARCH(1,1) モデル
$$\ln(\sigma_t^2) = \omega + \beta\ln(\sigma_{t-1}^2) + \theta z_{t-1} + \gamma(|z_{t-1}| - \sqrt{2/\pi})$$

パラメータ	ω	β	θ	γ	対数尤度
推定値	0.014	0.962	-0.113	0.231	-2663.21
標準誤差	0.008	0.013	0.043	0.021	

*ここに示されている標準誤差は，疑似最尤推定量の標準誤差である．

GARCH(p,q) モデルは ARCH(q) モデルなので，ここでは，q を 1 から 3 まで変えた ARCH(q) モデルの疑似最尤推定も行っていることになる．

結果は省略するが，AIC によると，GARCH および GJR では $p=3, q=2$ が，EGARCH では $p=q=2$ が選択され，SIC によると，すべてのモデルで，$p=q=1$ が選択された．以下では，SIC の結果のほうを採用し，$p=q=1$ として分析を行っている．GARCH モデルにおいて $p=0$ が選択されなかったということは，ARCH モデルよりも GARCH モデルのほうが望ましいということである．表 2.1 には，それぞれのモデルのパラメータの推定値とその標準誤差が示されている．標準誤差は，z_t の分布が標準正規分布でない可能性を考えて，2.2.3 項で説明した方法により疑似最尤推定量の標準誤差を計算している．

まず最初に，ボラティリティに対するショックの持続性についてみてみよう．2.1.1 項で説明したように，GARCH(1,1) モデルでは，ボラティリティのショックの持続性は，$\alpha+\beta$ の値で計ることができる．そこで，α の推定値と β の推定値の和を計算すると，0.956 と 1 に近い値が得られていることがわかる．この

2.3 TOPIX 日次変化率を用いた ARCH 型モデルの推定

ことは，TOPIX 日次変化率のボラティリティのショックに高い持続性があることを示している．EGARCH(1,1) モデルの場合には，ボラティリティのショックの持続性は β の値で計ることができるが，その推定値も 0.962 とやはり 1 に近い値が得られている．

次に，前日に株価が上がったか下がったかによるボラティリティ変動の非対称性についてみることにしよう．ボラティリティ変動にこうした非対称性があるかどうかは，GJR モデルでは γ, EGARCH モデルでは θ の推定値をみればわかる．GJR モデルの γ の推定値には有意な正の値, EGARCH モデルの θ の推定値には有意な負の値が得られており，どちらも TOPIX 日次変化率のボラティリティ変動に非対称性があることを示している．したがって，ボラティリティ変動の非対称性を考慮しない GARCH モデルは TOPIX 日次変化率のボラティリティ変動を表すモデルとして適していないことになる．

ここで分析している 3 つのモデルは，異なるボラティリティの定式化を行っているので，$t-1$ 期の予期せざる価格変化 ϵ_{t-1} が翌日の t 期のボラティリティに与えるインパクトもモデルによって異なる．そうした予期せざる価格変化が翌日のボラティリティに与えるインパクトのモデルによる違いは，ニュース・インパクト関数とよばれる ϵ_{t-1} と σ_t^2 との関係をグラフを描いてみるとより明らかになる．ニュース・インパクト関数とは，Engle/Ng [1993] によって考案されたもので，彼らに従い，σ_{t-1}^2 を ϵ_t の無条件分散（以下では，それを σ^2 で表す）とすると，各モデルのニュース・インパクト関数はそれぞれ次のようになる．

- GARCH(1,1) モデル
$$\sigma_t^2 = \omega + \beta\sigma^2 + \alpha\epsilon_{t-1}^2 \qquad (2.32)$$
- GJR(1,1) モデル
$$\sigma_t^2 = \begin{cases} \omega + \beta\sigma^2 + \alpha\epsilon_{t-1}^2, & \epsilon_{t-1} \geq 0 \\ \omega + \beta\sigma^2 + (\alpha+\gamma)\epsilon_{t-1}^2, & \epsilon_{t-1} < 0 \end{cases} \qquad (2.33)$$
- EGARCH(1,1) モデル
$$\sigma_t^2 = \begin{cases} \sigma^{2\beta}\exp[\omega - \gamma\sqrt{2/\pi}]\exp[\frac{\theta+\gamma}{\sigma}\epsilon_{t-1}], & \epsilon_{t-1} \geq 0 \\ \sigma^{2\beta}\exp[\omega - \gamma\sqrt{2/\pi}]\exp[\frac{\theta-\gamma}{\sigma}\epsilon_{t-1}], & \epsilon_{t-1} < 0 \end{cases} \qquad (2.34)$$

図 2.1　ニュース・インパクト曲線

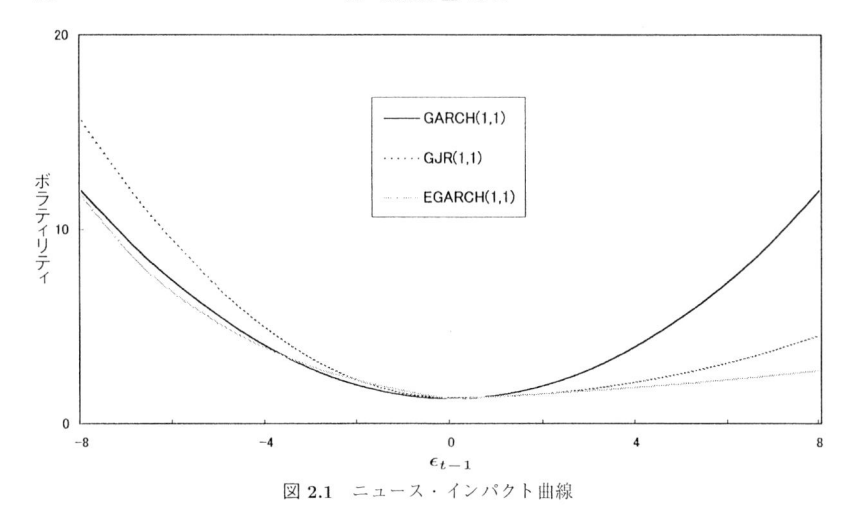

図 2.1 は，σ^2 に $\hat{\epsilon}_t$ の標本分散を，その他のパラメータには表 2.1 に示されている疑似最尤推定値を代入して (2.32)–(2.34) 式を図示したもので，これを，通常，ニュース・インパクト曲線とよぶ．ボラティリティ変動の非対称性を考慮していない GARCH モデルのニュース・インパクト曲線は，いうまでもなく，ゼロを中心として左右対称になっており，また，GJR, EGARCH モデルでは，前日に予期せず価格が下がったほう ($\epsilon_{t-1} < 0$) が上がった場合 ($\epsilon_{t-1} > 0$) よりもボラティリティに与えるインパクトが大きくなっている．

GJR モデルのニュース・インパクト曲線と EGARCH モデルのそれを比較すると，予期せざる価格変動がボラティリティに与える影響は，ϵ_{t-1} のほとんどすべての領域で，GJR モデルのほうが EGARCH モデルよりも大きいことがわかる．

2.3.2　基準化された残差によるモデルの診断

前項で推定を行った 3 つのモデルでは，すべて，$z_t (= \epsilon_t/\sigma_t)$ を平均ゼロ，分散 1 で過去と独立かつ同一な分布に従う確率変数であると仮定した．また，パラメータの疑似最尤推定を行う際には，z_t の分布を標準正規分布であると仮定して尤度を計算した．本項では，各モデルの基準化された残差を使ってこうした仮定が正しいかどうかを調べる．基準化された残差とは，$\hat{\epsilon}_t$ をそのボラティ

2.3 TOPIX 日次変化率を用いた ARCH 型モデルの推定

表 2.2 ARCH 型モデルの基準化された残差 $\hat{z}_t(=\hat{\epsilon}_t/\hat{\sigma}_t)$ の基本統計量

統計量	GARCH	GJR	EGARCH
標本数	1791	1791	1791
平均	−0.0145	−0.0095	−0.0065
	(0.0236)	(0.0236)	(0.0236)
標準偏差	0.9999	0.9997	0.9994
最大値	5.757	5.732	5.722
最小値	−5.198	−4.970	−4.955
歪度	0.063	0.165	0.209
	(0.058)	(0.058)	(0.058)
尖度	5.35	5.36	5.18
	(0.12)	(0.12)	(0.12)
LB(12)			
$\hat{z}_t$	18.11	21.08	20.86
$\hat{z}_t^2$	21.34	19.55	15.16

*括弧内の数値は標準誤差を表す. 標本数, 標準偏差をそれぞれ T, $\hat{\sigma}$ とすると, 平均, 歪度, 尖度の標準誤差はそれぞれ, $\hat{\sigma}/\sqrt{T}$, $\sqrt{6/T}$, $\sqrt{24/T}$ である. LB(12) は Diebold [1988] の方法によって分散不均一性を調整した Ljung/Box 統計量である.

リティの推定値 $\hat{\sigma}_t^2$ の平方根で割ったものである. 表 2.2 にはその基本統計量が計算されている.

平均ゼロ, 分散 1 であるという仮定はすべてのモデルの基準化された残差が満たしている. 次に, 基準化された残差の 2 乗の LB(12) の値 (ここでも, Diebold [1988] の方法によって分散不均一性が調整されている) をみてみよう. 基準化された残差の 2 乗の自己相関は, 10%有意水準では, GARCH モデルで, 5%有意水準では, さらに GJR モデルで有意であり, これらのモデルでは基準化された残差からボラティリティの自己相関が完全に取り除かれていないことがわかる. このことから, TOPIX 日次変化率のボラティリティ変動の自己相関を捉えるモデルとしては EGARCH モデルが最も適しているといえよう.

これに対して, 基準化された残差そのものでは, 10%有意水準で, GJR モデル, 5%有意水準では, さらに EGARCH モデルで有意な自己相関が観測される. また, 基準化された残差の歪度は, GJR, EGARCH モデルで有意な正の値を示しており, 尖度はすべてのモデルで有意に 3 を上回っている. ボラティリティ変動を調整した基準化された残差においてもまだ分布の裾が厚いということは, TOPIX 日次変化率の裾の厚さがボラティリティの変動だけでは完全

に説明できないことを示している.そこで,2.4.2項では,z_tに正規分布よりも裾の厚い分布を当てはめることにする.

2.3.3 残差2乗の予測パフォーマンス

GARCH(1,1),GJR(1,1),EGARCH(1,1)モデルでは,パラメータにその疑似最尤推定値を代入し,$\hat{\sigma}_0^2$,$\hat{\epsilon}_0^2$を与えてやると(ここでは,それらを$\hat{\epsilon}_t$の標本分散とする),各期のボラティリティの推定値

$$\{\hat{\sigma}_1^2, \hat{\sigma}_2^2, \ldots, \hat{\sigma}_T^2\}$$

が逐次的に計算できる.本項では,このようにして計算されたボラティリティの推定値を使ってモデルの比較を行う.

ボラティリティの推定値の優劣を比較するためにはボラティリティの真の値が必要であるが,ボラティリティの真の値は未知であるため,なんらかの工夫をしないと比較は行えない.これまでに用いられている方法には2つある.1つは,日次ボラティリティの推定値を例えば月次ボラティリティの推定値に直し,それをその1か月間の標本分散と比較するという方法である(Akgiray [1989] 参照[7]).もう1つは,ボラティリティσ_t^2が$t-1$期におけるϵ_t^2の予測値$\mathrm{E}_{t-1}(\epsilon_t^2)$である((1.23),(1.27)式参照)ことを利用し,ボラティリティの推定値$\hat{\sigma}_t^2$をϵ_t^2と比較するという方法である[8](Pagan/Schwert [1990],West/Cho [1995] 参照).

本項では,後者の方法を使って,ボラティリティの推定値の比較を行う.ここでは,ボラティリティの推定値を,GARCH,GJR,EGARCHモデルに加え,1.2.3項および1.3節で説明したように,ARCHモデルをϵ_t^2にARモデルを当てはめるという方法によって推定し,計算している.この方法では,ボラティリティは,表1.3(b)に示されている最小2乗推定値を使って,

$$\hat{\sigma}_t^2 = 0.806 + 0.126\hat{\epsilon}_{t-1}^2 + 0.079\hat{\epsilon}_{t-2}^2 + 0.033\hat{\epsilon}_{t-3}^2 + 0.115\hat{\epsilon}_{t-4}^2 + 0.116\hat{\epsilon}_{t-5}^2 \tag{2.35}$$

---

[7] この論文では,GARCHモデルによる予測値と他の簡単な方法による予測値とを比較し,GARCHモデルによる予測のほうが精度が高いとしている.

[8] ϵ_t^2の変動は,σ_t^2の変動だけでなく,z_t^2の変動も含むので,こうした方法では,ARCH型モデルの予測パフォーマンスを過小評価してしてしまうとの指摘もある(Andersen/Bollerslev [1998] 参照).

として計算している（詳細については，1.2.3 項および 1.3 節を参照のこと）．各モデルによるボラティリティの推定値は $\hat{\epsilon}_t^2$ の値とともに図 2.2 (a)–(d) に描かれている．

まず最初に，West/Cho [1995] に従い，平均 2 乗誤差（root mean squared error；RMSE）

$$\text{RMSE} = \sqrt{\frac{1}{T}\sum_{t=1}^{T}(\hat{\sigma}_t^2 - \hat{\epsilon}_t^2)^2} \qquad (2.36)$$

の計算を行った．結果は，表 2.3 (a) に示されている．それによると，RMSE が最も小さいのは EGARCH モデルであり，以下，GJR，ARCH，GARCH の順になっている．

次に，Pagan/Schwert [1990] に従い，$\hat{\sigma}_t^2$ が $\hat{\epsilon}_t^2$ の不偏推定量になっているかどうかを調べるため，次のようなモデルの推定を行った．

$$\hat{\epsilon}_t^2 = a + b\hat{\sigma}_t^2 + v_t \qquad (2.37)$$

$\hat{\sigma}_t^2$ が $\hat{\epsilon}_t^2$ の不偏推定量であるならば，$a=0, b=1$ でなければならない．最小 2 乗法による (2.37) 式の推定結果は，表 2.3 (b) に示されている．ARCH モデルから計算されるボラティリティは，その求め方から，必然的に $\hat{\epsilon}_t^2$ の不偏推定量になる．そこで，$\hat{a}=0, \hat{b}=1$ となっているが，これは ARCH モデルが優れていることを示すものではない．それ以外のモデルにおいて，$a=0, b=1$ という帰無仮説の F 検定[*9)]を行ったところ，GARCH モデルでは，帰無仮説が 1%有意水準でも棄却されるのに対して，GJR, EGARCH モデルでは，10%有意水準でも棄却されない．

また，$\hat{\epsilon}_t^2$ に対する $\hat{\sigma}_t^2$ の説明力を比べるため，表には，R^2 として決定係数の値が計算されている（決定係数については，1.5.4 項を参照のこと）．RMSE による比較では，最も小さいのが EGARCH モデルで，以下，GJR，ARCH，GARCH の順であったが，決定係数についてもまったく同じで，最も高いのが

[*9)] (2.37) 式の残差平方和を SSR_0，(2.37) 式において $a=0, b=1$ という制約をおいた場合の残差平方和，すなわち，$\sum_{t=1}^{T}(\hat{\epsilon}_t^2 - \hat{\sigma}_t^2)^2$ を SSR_1 とすると，

$$F = \frac{(\text{SSR}_1 - \text{SSR}_0)/2}{\text{SSR}_0/(T-2)}$$

である．

42　　　　　　　　　　　2. ARCH 型モデル

(a) GARCH(1,1) モデル

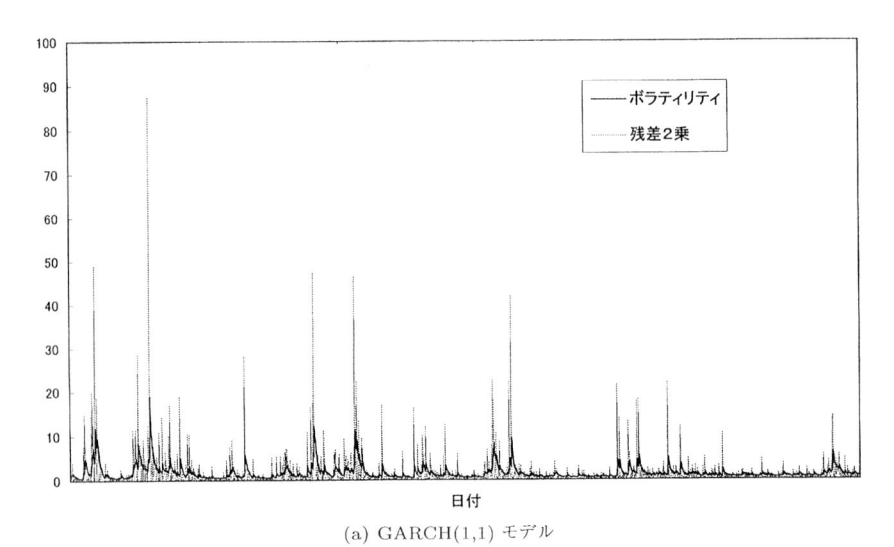

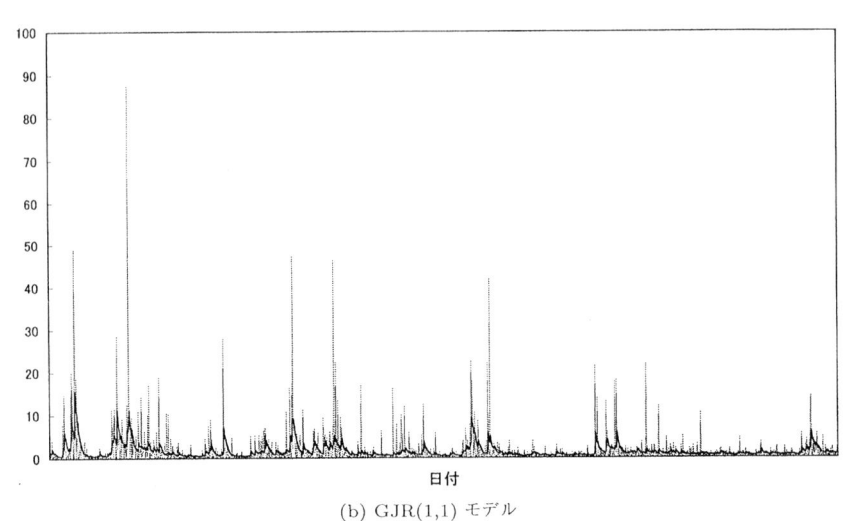

(b) GJR(1,1) モデル

図 2.2　ARCH 型モデルによる残差 2 乗の 1 期先予測

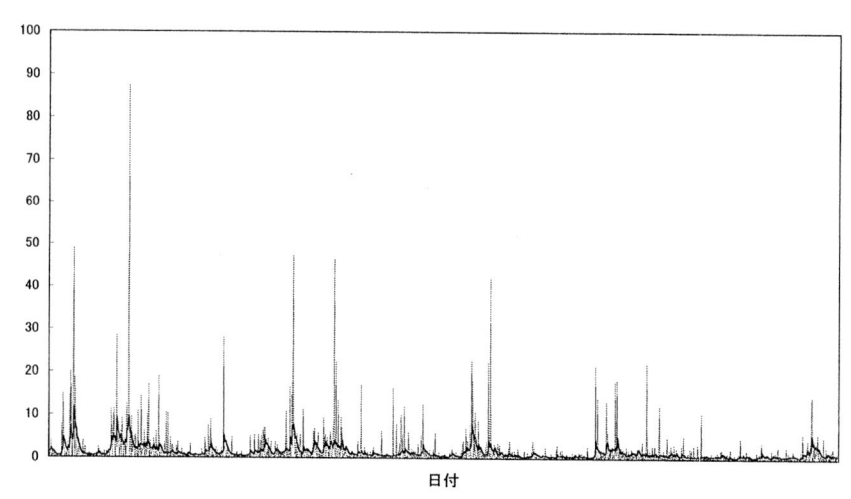

2.3 TOPIX 日次変化率を用いた ARCH 型モデルの推定

(c) EGARCH(1,1) モデル

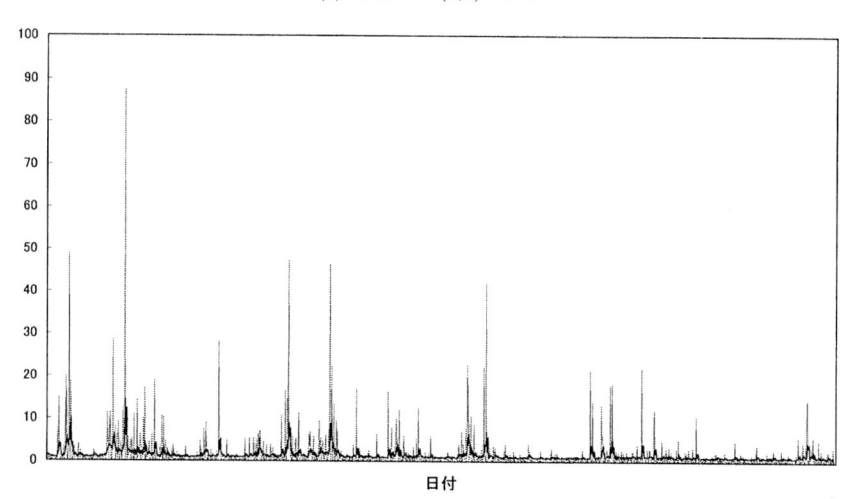

(d) ARCH(5) モデル

図 2.2 つづき

表 2.3 サンプル内での $\hat{\epsilon}_t^2$ の 1 期先予測のパフォーマンス

(a) 平均 2 乗誤差（root mean squared error）

$$\text{RMSE} = \sqrt{\frac{1}{T}\sum_{t=1}^{T}(\hat{\epsilon}_t^2 - \hat{\sigma}_t^2)^2}$$

モデル	RMSE
ARCH	3.938
GARCH	3.975
GJR	3.851
EGARCH	3.816

(b) $\hat{\epsilon}_t^2$ の $\hat{\sigma}_t^2$ への回帰

$$\hat{\epsilon}_t^2 = a + b\hat{\sigma}_t^2 + v_t$$

モデル	a	b	F	R^2
ARCH	0.000	1.000		0.074
	(0.257)	(0.206)		
GARCH	0.437	0.690	13.30	0.068
	(0.144)	(0.126)		
GJR	0.135	0.889	1.89	0.114
	(0.194)	(0.162)		
EGARCH	−0.159	1.124	1.67	0.130
	(0.264)	(0.217)		

*F は, $a = 0, b = 1$ という制約を検定するための F 統計量, R^2 は決定係数である．括弧内の数値は，White [1980] の方法によって計算された標準誤差（heteroskedasticity-consistent standard error）である．

EGARCH モデル，以下，GJR, ARCH, GARCH の順になっている．このことから，$\hat{\epsilon}_t^2$ の予測パフォーマンスに関しては，EGARCH モデルが最も優れていることがわかる．

ただし，以上の分析では，1990 年 1 月 4 日から 1997 年 4 月 10 日までのすべての標本を用いてパラメータの値を推定し，その推定値を用いて標本内のボラティリティを計算しており，$\hat{\sigma}_t^2$ の計算に t 期以降の標本も用いているという意味で，$\hat{\sigma}_t^2$ は $t-1$ 期における ϵ_t^2 の純粋な予測値にはなっていない．

そこで，今度は，パラメータを推定する際に，すべての標本ではなく，$t-1$ 期までの標本を用いて推定を行い，その値の下で計算されたボラティリティの推定値 $\hat{\sigma}_t^2$ を用いて同様な分析を行った．また，今度は，1 期先の予測のパフォーマンスだけでなく，5 期先，20 期先の予測のパフォーマンスについても比較を行っている．

具体的には，まず，最初の 1000 個の標本 $\{R_1, R_2, \ldots, R_{1000}\}$ を用いて各モデルのパラメータを推定し，それに基づいて，$(\hat{\sigma}_{1001}^2, \hat{\sigma}_{1005}^2, \hat{\sigma}_{1020}^2)$ をそれぞれ計算し，次に，$\{R_2, R_3, \ldots, R_{1001}\}$ を用いて各モデルのパラメータを推定し，それに基づいて，$(\hat{\sigma}_{1002}^2, \hat{\sigma}_{1006}^2, \hat{\sigma}_{1021}^2)$ を計算するといった作業を繰り返し，最後に，$\{R_{T-1019}, R_{T-1018}, \ldots, R_{T-20}\}$ を用いて各モデルのパラメータを推定し，それに基づいて，$(\hat{\sigma}_{T-19}^2, \hat{\sigma}_{T-15}^2, \hat{\sigma}_T^2)$ を計算して終わりにする．

2.3 TOPIX 日次変化率を用いた ARCH 型モデルの推定

表 2.4 サンプル外の $\hat{\epsilon}_t^2$ の予測パフォーマンス

(a) 平均 2 乗誤差（root mean squared error）

$$\text{RMSE} = \sqrt{\frac{1}{T}\sum_{t=1}^{T}(\hat{\epsilon}_t^2 - \hat{\sigma}_t^2)^2}$$

モデル	1 期先	5 期先	20 期先
ARCH	2.526	2.116	2.143
GARCH	2.544	2.145	2.142
GJR	2.451	2.075	2.120
EGARCH	2.432	2.025	2.053

(b) $\hat{\epsilon}_t^2$ の $\hat{\sigma}_t^2$ への回帰

$$\hat{\epsilon}_t^2 = a + b\hat{\sigma}_t^2 + v_t$$

モデル	a	b	F	R^2
1 期先予測				
ARCH	0.276	0.529	11.36	0.016
	(0.256)	(0.236)		
GARCH	0.306	0.481	21.91	0.027
	(0.216)	(0.198)		
GJR	0.141	0.737	4.38	0.057
	(0.208)	(0.237)		
EGARCH	-0.010	0.879	1.82	0.065
	(0.214)	(0.246)		
5 期先予測				
ARCH	1.007	-0.077	32.96	0.000
	(0.391)	(0.270)		
GARCH	0.522	0.271	48.60	0.009
	(0.162)	(0.113)		
GJR	0.399	0.418	26.91	0.024
	(0.163)	(0.139)		
EGARCH	0.216	0.604	10.85	0.033
	(0.170)	(0.164)		
20 期先予測				
ARCH	1.909	-0.696	47.91	0.008
	(0.334)	(0.206)		
GARCH	0.534	0.242	45.12	0.003
	(0.269)	(0.183)		
GJR	0.213	0.460	43.09	0.018
	(0.285)	(0.205)		
EGARCH	0.006	0.696	15.10	0.014
	(0.381)	(0.310)		

*F は，$a = 0, b = 1$ という制約を検定するための F 統計量，R^2 は決定係数である．括弧内の数値は，White [1980] の方法によって計算された標準誤差（heteroskedasticity-consistent standard error）である．

そうすると，各モデルについて，ボラティリティの 1 期先予測の流列 $\{\hat{\sigma}_{1001}^2, \hat{\sigma}_{1002}^2, \cdots, \hat{\sigma}_{T-19}^2\}$，5 期先予測の流列 $\{\hat{\sigma}_{1005}^2, \hat{\sigma}_{1006}^2, \cdots, \hat{\sigma}_{T-15}^2\}$，20 期先予測の流列 $\{\hat{\sigma}_{1020}^2, \hat{\sigma}_{1021}^2, \cdots, \hat{\sigma}_T^2\}$ が得られることになり，それぞれの流列について RMSE の計算および (2.37) 式の推定を行った．結果は表 2.4 (a)，(b) にまとめられている．RMSE の順位については，すべての標本を使ってパラメータの値を推定した場合とほとんど変わりない．20 期先予測で GARCH

とARCHの順番が入れ替わる以外は，EGARCHが最も小さく，以下，GJR，ARCH，GARCHの順である．

これに対して，$\hat{\sigma}_t^2$ が $\hat{\epsilon}_t^2$ の不偏推定量である（すなわち，(2.37)式において，$a = 0, b = 1$ である）という帰無仮説は，1期先予測のEGARCHモデル以外はすべて1%有意水準で棄却されてしまう．決定係数 R^2 は，1期先予測と5期先予測では，EGARCHが最も高く，以下，GJR，GARCH，ARCHの順になっている．これに対して，20期先予測では，GJRが最も高く，以下，EGARCH，ARCH，GARCHの順である．

以上の結果からいえることは，ボラティリティ変動の非対称性を考慮したGJR，EGARCHモデルから計算されるボラティリティの推定値は，非対称性を考慮しないARCH，GARCHモデルを用いて計算されるボラティリティの推定値よりも $\hat{\epsilon}_t^2$ の予測値としてパフォーマンスが良いということである．また，GJRモデルとEGARCHモデルを比較すると，20期先予測においてGJRの決定係数がEGARCHのそれを上回っている以外は，$\hat{\epsilon}_t^2$ の予測パフォーマンスはEGARCHモデルがGJRモデルを上回っている．そこで，TOPIX日次変化率の $\hat{\epsilon}_t^2$ を予測するには，EGARCHモデルによってボラティリティの推定値を計算するのが最も望ましいといってよいであろう．

これまでに，最も多くのARCH型モデルを取り上げて比較を行っているのはEngle/Ng [1993] とHentschel [1995] であろう．Hentschel [1995] は，さまざまなARCH型モデルを特殊ケースとして含む定式化を行ったうえで，尤度比検定により比較を行っている．彼らは，1926年初めから1990年末までのNYSEの日次株価指数データを用いて，GARCH，EGARCH，AGARCH，NGARCHといったARCH型モデルがすべて棄却されるとの結果を得ている．

また，Engle/Ng [1993] は，1980年初めから1987年9月末までのTOPIX日次データを用いて，さまざまなARCH型モデルについて推定されるボラティリティに収益率の符号に依存したバイアスがないかどうかをラグランジュ乗数（Lagrange multiplier；LM）検定によって調べている．その結果，EGARCHモデルとGJRモデルを望ましいモデルとして選んでいるが，ARCH型モデルでは，$\sigma_t^2 = \mathrm{E}_{t-1}(\epsilon_t^2)$ より，

$$\mathrm{Var}(\epsilon_t^2) \geq \mathrm{Var}(\sigma_t^2) \tag{2.38}$$

が成り立たなければならないのに，EGARCHモデルによって推定されたボラティリティはこの不等号を満たしていなかったことから[*10]，最終的にGJRモデルを最も望ましいモデルとしている．

さらに，Kim/Kon [1994] は，1962年6月2日から1990年末までのNYSEの株価指数および個別企業30社の株価の日次データを用いて，EGARCHモデルとGJRモデルの比較を行っている．彼らはベイズ統計学の見地からposterior oddsやSICによって比較を行い，株価指数についてはEGARCHモデルが，個別企業の株価についてはGJRモデルが最も適しているとの結果を得ている．

以上の研究結果から，株式収益率に関しては[*11]，ボラティリティ変動の非対称性を考慮しないGARCHモデルよりも，それを考慮に入れたGJR, EGARCHモデルのほうがパフォーマンスが良いことはわかるが，GJR, EGARCHのどちらが望ましいかについてはケース・バイ・ケースである．今後，さらにボラティリティ変動の非対称性を考慮に入れた他のモデルも含めて比較を行う必要がある．

2.3.4　BDSテスト

1.2.2項のTOPIX日次変化率のARモデルを使った分析では，TOPIX日次変化率の現在の値と過去の値の間にAR(2)モデルで表される線形関係があることがわかった．これに対して，1.2.3項の分析から，TOPIX日次変化率の2乗（正確にいうと，AR(2)モデルの誤差項の2乗）に強い自己相関が存在することがわかった．これは，いい方を変えると，TOPIX日次変化率の現在の値と過去の値との間に一種の非線形関係が存在するということである．

また，GJRモデルやEGARCHモデルを使った分析では，ボラティリティは前日の価格変化率と負の相関関係をもつことが明らかになったが，これもまた非線形関係である．TOPIX日次変化率の現在の値と過去の値の関係を線形

[*10] Bollerslev/Engle/Nelson [1994] は，EGARCHモデルによるボラティリティの推定値が過度に変動しないよう，(2.10) 式の $[\theta z_{t-1} + \gamma(z_{t-1} - \mathrm{E}|z_{t-1}|)]$ を

$$\sigma_{t-1}^{-2\theta_0} \frac{\theta_1 z_{t-1}}{1 + \theta_2 |z_{t-1}|} + \sigma_{t-1}^{-2\gamma_0} \left[\frac{\gamma_1 |z_{t-1}|^\rho}{1 + \gamma_2 |z_{t-1}|^\rho} - E\left(\frac{\gamma_1 |z_{t-1}|^\rho}{1 + \gamma_2 |z_{t-1}|^\rho} \right) \right]$$

に置き換えている．

[*11] 為替レートについては，West/Edison/Cho [1993], West/Cho [1995] を参照のこと．

図 2.3 テント・マップ

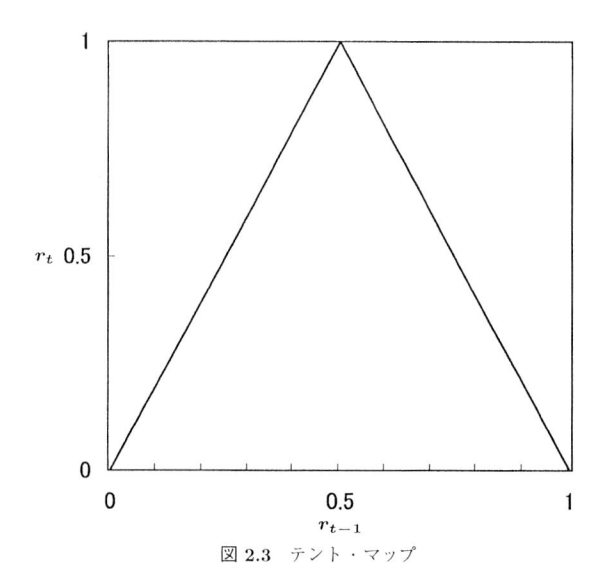

関係に限定せずこのような非線形関係にまで広げると，無数の関係が考えられることになる．そこで，TOPIX 日次変化率の現在の値と過去の値の間に以上のような非線形関係以外にも何か別の非線形関係が存在するのではないかという疑問が生じる．

非線形関係として興味深い例を 1 つあげよう．r_t と r_{t-1} の関係が次のような非線形モデルで記述されるものとする．

$$r_t = 2r_{t-1}, \quad r_{t-1} < 0.5$$
$$r_t = 2(1 - r_{t-1}), \quad r_{t-1} \geq 0.5 \quad (2.39)$$

この関係は，図に表すと図 2.3 のようになり，テントの形にみえることからテント・マップとよばれる．

さて，(2.39) 式は確率変数をなんら含んでいないことに注意しよう．このことは，r_t がわかると，

$$\{r_{t+1}, r_{t+2}, \ldots\}$$

がすべて確実にわかるということを意味する[*12]．図 2.4 は (2.39) 式を使って計算された

[*12] このような系列を決定的（deterministic）なプロセスに従うという．

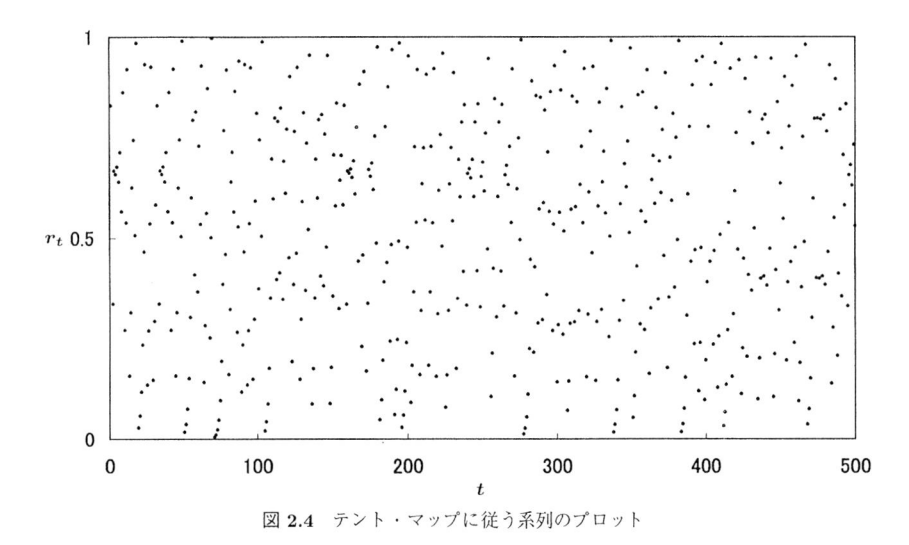

2.3 TOPIX 日次変化率を用いた ARCH 型モデルの推定

図 2.4 テント・マップに従う系列のプロット

$$\{r_1, r_2, \ldots, r_{500}\}$$

を描いたものであるが，それはあたかも確率的に変動しているようにみえる（図 2.4 をみて，それが (2.39) 式から生み出されたものであると思う人は誰もいないであろう）．テント・マップの場合，特に，過去と独立な 0 から 1 までの一様分布に従う確率変数と区別がつかない．このように，非線形な決定的プロセスから生成された系列が確率的に変動しているようにみえる現象をカオスという．テント・マップはそのような例の 1 つであり，他の例については，Hsieh [1991, pp.1842–1845] を参照のこと．

それでは，こうした非線形関係が存在するかどうかはどのようにすれば検定できるのあろうか? 特に，カオスの場合には，過去と独立な確率変数と見分けがつかないわけだから厄介である．そこで，確率変数とカオスであるような変数との間に何か決定的な違いがないかを，過去と独立 0 から 1 までの一様分布に従う確率変数とテント・マップに従う変数とを比較することによって考えてみよう．

まず，
$$\{\ldots, r_{t-1}, r_t, r_{t+1}, \ldots\}$$

がすべて過去と独立な 0 から 1 までの一様分布に従うとすると，

$$|r_t - r_s| < e, \quad t \neq s$$

となる確率は e であり，また，

$$r_t^{(2)} = (r_{t-1}, r_t)$$

とすると，

$$\|r_t^{(2)} - r_s^{(2)}\| < e, \quad t \neq s$$

となる確率は e^2 である．ただし，$\|\cdot\|$ は最大ノルム（max norm）とよばれる記号で，$\|r_t^{(2)} - r_s^{(2)}\|$ は，

$$(|r_{t-1} - r_{s-1}|, |r_t - r_s|)$$

の大きいほうを表す．一般的に，

$$r_t^{(n)} = (r_{t-n+1}, r_{t-n}, \ldots, r_t)$$

とすると，

$$\|r_t^{(n)} - r_s^{(n)}\| < e$$

となる確率は e^n である．この場合，$\|r_t^{(n)} - r_s^{(n)}\|$ は，

$$(|r_{t-n+1} - r_{s-n+1}|, |r_{t-n} - r_{s-n}|, \ldots, |r_t - r_s|)$$

の中で最大のものを表す．

これに対して，r_t がテント・マップに従っているとすると，$|r_t - r_s| < e$ となる確率はやはり e であるが，

$$r_t^{(2)} = (r_{t-1}, r_t)$$

は図 2.3 の折れ曲がった線分上を移動するだけなので，$\|r_t^{(2)} - r_s^{(2)}\| < e$ となる確率は e^2 ではなく e のままである．この場合，一般的に，$\|r_t^{(n)} - r_s^{(n)}\| < e$ となる確率は n に関係なく e になる．

そこで，

$$(r_t^{(n)}, r_s^{(n)}), \quad t = n, n+1, \cdots, T, s = t+1, t+2, \cdots, T$$

の $(T-n+1)(T-n)/2$ 個の組合せのうち，$\|r_t^{(n)} - r_s^{(n)}\| < e$ を満たす組合せの割合，

$$C_{n,T}(e) = \frac{2}{(T-n+1)(T-n)} \sum_{t=n}^{T} \sum_{s=t+1}^{T} I(\|r_t^{(n)} - r_s^{(n)}\| < e) \quad (2.40)$$

を考えよう.ここで,$I(||r_t^{(n)} - r_s^{(n)}|| < e)$ は indicator function とよばれるもので,$||r_t^{(n)} - r_s^{(n)}|| < e$ であれば 1,そうでなければ 0 である.

この式で $T \to \infty$ とした

$$C_n(e) \equiv \lim_{T \to \infty} C_{n,T}(e)$$

は相関積分(correlation integral)とよばれ,$||r_t^{(n)} - r_s^{(n)}|| < e$ となる確率を表す.上の議論でわかったように,r_t が過去と独立な 0 から 1 までの一様分布に従う場合には,$C_n(e) = e^n$,すなわち,

$$C_n(e) = C_1(e)^n$$

が成り立つのに対して,テント・マップの場合には,$C_n(e) = e$ であるから,

$$C_n(e) = C_1(e)$$

となる.

以上は過去と独立な 0 から 1 までの一様分布に従う確率変数とテント・マップに従う変数についての結果であるが,より一般的に,過去と独立で同一な分布に従う確率変数の場合にも

$$C_n(e) = C_1(e)^n$$

が成り立つ.さらに,Brock/Dechert/Scheinkman/LeBaron [1996] は,$\{\ldots, r_{t-1}, r_t, r_{t+1}, \ldots\}$ がすべて独立同一分布に従えば,

$$W_{n,T(e)} = \frac{\sqrt{T}(C_{n,T}(e) - C_{1,T}(e)^n)}{\sigma_{n,T}(e)} \quad (2.41)$$

が漸近的に標準正規分布に従うことを証明している($\sigma_{n,T}(e)$ の計算方法については,Brock/Hsieh/LeBaron [1991],Brock/Dechert/Scheinkman/LeBaron [1996] を参照のこと).この $W_{n,T(e)}$ は BDS 統計量とよばれ,標本からそれを計算することにより,帰無仮説,対立仮説をそれぞれ

$H_0:$ $\{\ldots, r_{t-1}, r_t, r_{t+1}, \ldots\}$ が独立同一分布に従う
$H_1:$ $\{\ldots, r_{t-1}, r_t, r_{t+1}, \ldots\}$ は独立同一分布に従わない

とする仮説検定を行うことができる.帰無仮説が正しければ,r_t の現在の値と過去の値の間に線形関係も非線形関係も(したがって,カオスの可能性も)な

表 2.5 BDS テスト

	n	e/σ 0.50	1.00	1.50	2.00
AR(2)	2	9.72	11.42	12.61	11.73
	3	12.05	13.47	14.32	13.42
	4	13.18	14.75	15.40	14.27
	5	15.59	16.49	16.73	15.20
GARCH(1,1)	2	−0.31	−0.18	0.29	0.66
	3	−0.44	−0.13	0.21	0.48
	4	−1.22	−0.89	−0.38	0.05
	5	−1.26	−0.94	−0.42	0.04
GJR(1,1)	2	−0.88	−0.60	−0.44	0.13
	3	−0.84	−0.45	−0.52	−0.18
	4	−1.46	−1.14	−1.11	−0.66
	5	−1.32	−1.13	−1.08	−0.56
EGARCH(1,1)	2	−0.58	−0.40	−0.10	0.57
	3	−0.81	−0.27	−0.13	0.36
	4	−1.34	−1.04	−0.82	−0.21
	5	−1.67	−1.02	−0.81	−0.13

いことになる.

まず最初に，TOPIX 日次変化率に AR(2) モデルを当てはめた（すなわち，線形関係を取り除いた）残差 $\hat{\epsilon}_t$ を使って，BDS 統計量を計算した．ただし，Hsieh [1991] に従って，$n = 2, 3, 4, 5$ とし，e を $\hat{\epsilon}_t$ の標準偏差 σ で割った e/σ の値を 0.5, 1.0, 1.5, 2.0 として，すべての組合せについて BDS 統計量を計算している．結果は表 2.5 に示されているが，すべての組合せで BDS 統計量の値は大きく，帰無仮説は棄却される．ϵ_t の 2 乗（すなわち，ボラティリティ）が高い自己相関をもって変動していることを考えると，これは当然の結果である．

次に，ボラティリティの自己相関を除去してもまだ帰無仮説が棄却されるかどうかを調べるため，GARCH(1,1), GJR(1,1), EGARCH(1,1) モデルの基準化された残差を使って BDS 統計量の計算を行ったところ（この結果も表 2.5 に示されている），$n = 5$, $\epsilon/\sigma = 0.50$ としたときの EGARCH モデルにおいて 10%有意水準でかろうじて棄却される以外は，どのモデルでも帰無仮説は棄却されなかった．

帰無仮説が GARCH(1,1) モデルの基準化された残差でも棄却されないということは，TOPIX 日次変化率の現在の値と過去の値の間にボラティリティの自

己相関以外の非線形関係が観測されないということを意味する．しかし，2.3.1項のGJR，EGARCHモデルの推定結果から，ボラティリティは過去の価格変化率と有意な負の相関関係をもっていることがわかっており，この結果はそれと整合的でない．

Hsieh [1991] は，モンテカルロ実験により，EGARCHモデルに従う系列の場合，BDS統計量の検出力（帰無仮説が正しくないときにそれを棄却する確率）が極端に小さいことを示しており，BDS統計量はボラティリティと過去の価格変化率との間に相関関係がある場合には検出力が弱いため，ここでもGARCHモデルの残差に非線形関係が検出されなかったものと思われる．いずれにせよ，ここでは，TOPIX日次変化率にボラティリティの自己相関，ボラティリティと過去の価格変化率との相関以外の非線形関係が存在するという証拠は見つからなかった．したがって，TOPIX日次変化率がカオスであるという証拠も見つからなかったことになる．

Brock/Hsieh/LeBaron [1991] は，NYSEの株価指数データおよびいくつかの為替レートのデータを用いてGARCH-Mモデル（2.4.3項）の基準化された残差を計算し，それに対してBDSテストを行っている．そこでは，独立同一分布に従うという帰無仮説は，為替レートでは棄却されないが，株価指数では棄却されるという結果が得られている．さらに，Hsieh [1991] は，NYSEのさまざまな株式ポートフォリオの収益率や株価指数の変化率を用いてEGARCHモデルの基準化した残差を計算し，それに対してBDSテストを行っているが，独立同一分布に従うという帰無仮説は多くのケースで棄却されている．

Baek/Brock [1992] は，BDSテストを多変量モデルに拡張することにより，非線形グレンジャー因果性テストを考案しており，Hiemstra/Jones [1994] はそれをNYSEの株式収益率と取引高との間の非線形グレンジャー因果関係を分析に応用している．

2.4　EGARCHモデルの拡張

前節の分析から，TOPIX日次変化率のボラティリティ変動を表すモデルとしてはEGARCHモデルが最も適していることがわかった．しかし，これま

で用いてきた EGARCH モデルは，まだ拡張の余地を残している．本節では，EGARCH モデルのさらなる拡張を行う．

2.4.1 休日がボラティリティに与える影響

ボラティリティが日々変動する原因として考えられるのは，市場に入ってくる情報量の日々の変動である．市場に多くの情報が入ってきた日は株価が大きく変動するのでボラティリティは高く，逆に，あまり情報が入ってこなかった日は株価があまり動かずボラティリティは低いと考えられる．もしそうだとすると，株価を動かすような情報は休日で株式市場が閉まっている日でも入ってくるので，休み明けには情報が蓄積しており，したがって，ボラティリティは高まると考えられる．

Nelson [1991] は，こうした点を考慮に入れ，ボラティリティの変動を次のように定式化している[*13]．

$$\ln(\sigma_t^2) = \omega + \ln(1+\delta N_t) + \beta[\ln(\sigma_{t-1}^2) - \omega - \ln(1+\delta N_{t-1})]$$
$$+ \theta z_{t-1} + \gamma(|z_{t-1}| - \mathrm{E}(|z_{t-1}|)) \qquad (2.42)$$

ここで，N_t は $t-1$ 営業日と t 営業日の間の市場が休みであった日数を表す．(2.42) 式は，このままではわかりにくいので，

$$\xi_t = \exp[\omega(1-\beta) + \theta z_{t-1} + \gamma(|z_{t-1}| - \mathrm{E}|z_{t-1}|)]$$

として，次のように書き換えることにしよう．

$$\sigma_t^2 = (1+\delta N_t)\left(\frac{\sigma_{t-1}^2}{1+\delta N_{t-1}}\right)^\beta \xi_t \qquad (2.43)$$

[*13)] Bollerslev/Engle/Nelson [1994] は，さらに，土日の休みと祝日とを区別して分析を行っている．具体的には，W_t を $t-1$ 営業日と t 営業日の間の市場が土日で休みであった日数，H_t を祝日の数，S_t を市場が開いていた土曜日の数（NYSE では，1952 年 2 月まで土曜日も取引が行われていた）とし，次のような定式化を行っている．

$$\ln(\sigma_t^2) = \omega + \ln(1+\delta_1 W_t + \delta_2 H_t + \delta_3 S_t)$$
$$+ \beta[\ln(\sigma_{t-1}^2) - \omega - \ln(1+\delta_1 W_{t-1} + \delta_2 H_{t-1} + \delta_3 S_{t-1})]$$
$$+ \theta z_{t-1} + \gamma(|z_{t-1}| - \mathrm{E}(|z_{t-1}|))$$

2.4 EGARCH モデルの拡張

この式は，N_t 日の休みを間にはさんだ日のボラティリティは，休みを間にはさまない日 ($N_t = 0$) のボラティリティの $1 + \delta N_t$ 倍になることを意味している．

休みの日にも平日と同じスピードで情報が入ってくるなら，$\delta = 1$ である．しかし，Nelson [1991] は，ニューヨーク証券取引所（NYSE）株価指数の日次データを使って (2.42) 式を推定し，δ の推定値として 0 よりは大きいものの有意に 1 より小さい値を得ており，このことから，休日で市場が閉まっている日よりも市場が開いている日のほうがボラティリティに与えるインパクトが大きいと結論づけている[*14]．

渡部 [1995] は，TOPIX 日次変化率を用いて (2.42) 式を推定し，δ の推定値として，90 年以前のデータでは負の値を得ているものの，90 年以降のデータでやはり 0 と 1 の間の値を得ている．90 年以前のアメリカでは，87 年 10 月のブラック・マンデーに代表されるように休み明けの月曜日にボラティリティが上昇する傾向があり，その影響を受けて日本では火曜日にボラティリティが上昇する傾向があった[*15]．しかし，90 年以降，アメリカでは月曜日にボラティリティが上昇するという傾向がみられなくなっており（Peiro [1994] 参照），その結果，日本でも火曜日にボラティリティが上昇するという傾向がなくなり，それまで火曜日の高いボラティリティの影に隠れて観測されなかった週明けのボラティリティの上昇が観測されるようになったものと思われる．

ここでは，これまでと同じデータ（TOPIX の日次変化率に AR(2) モデルを当てはめた残差）を使って (2.42) 式の推定を行った．推定は，z_t の分布に標準正規分布を仮定し，疑似最尤法によって行った（したがって，(2.42) 式の右辺の $\mathrm{E}(|z_{t-1}|)$ は $\sqrt{2/\pi}$ である）．推定結果は表 2.6 にまとめられている．δ の推定値は 0.299 とやはり 0 よりも大きく 1 よりも小さい値が得られている．

2.4.2　TOPIX 日次変化率の条件付き分布

1.4 節で示したように，ボラティリティが日々変動するなら，z_t の分布が標準正規分布であっても，$\epsilon_t = \sigma_t z_t$ の無条件分布の尖度は 3 を上回る．したがっ

[*14] 手法は異なるが，同様の研究に Fama [1965]，French/Roll [1986] 等がある．
[*15] ARCH 型モデルを使った日米間の株価の波及効果の研究には，Hamao/Masulis/Ng [1990]，Koutomos/Booth [1995] などがある．

表 2.6 休日がボラティリティに与える影響

$$\ln(\sigma_t^2) = \omega + \ln(1 + \delta N_t) + \beta[\ln(\sigma_{t-1}^2) - \ln(1 + \delta N_{t-1})] + \theta z_{t-1} + \gamma(|z_{t-1}| - \sqrt{2/\pi})$$

$N_t = t - 1$ 営業日と t 営業日の間の休みの日数

パラメータ	ω	β	θ	γ	δ	対数尤度
推定値	0.0084	0.964	−0.115	0.229	0.299	−2639.67
標準誤差	0.0059	0.012	0.019	0.039	0.082	

*ここに示されている標準誤差は,疑似最尤推定量の標準誤差である.

て,$\epsilon_t = \sigma_t z_t$ の無条件分布の尖度が 3 を上回るからといって,z_t が正規分布よりも裾の厚い分布に従っているとはかぎらない.しかし,表 2.2 に計算されている ARCH 型モデルの基準化された残差の尖度の値から,z_t も裾の厚い分布に従っており,TOPIX 日次変化率の分布の裾の厚さはボラティリティの変動だけでは説明できないことが明らかになった.そこで,本項では,z_t の分布として正規分布より裾の厚い分布をいくつか当てはめ,どの分布がよりフィットがよいか検討する.

正規分布よりも裾が厚い分布として最もよく知られているのはスチューデントの t 分布であろう.t 分布の密度関数は次のとおりである.

$$f(z_t) = \frac{\Gamma[(\nu+1)/2]}{(\pi\nu)^{1/2}\Gamma(\nu/2)}(1 + z_t^2/\nu)^{-(\nu+1)/2}, \quad \nu > 0 \quad (2.44)$$

ここで,$\Gamma(\cdot)$ はガンマ関数を表す.また,ν は自由度とよばれるパラメータで,これが大きくなればなるほど分布の裾は薄くなり,t 分布は標準正規分布に近づいてゆく.Bollerslev [1987] は,z_t の分布にスチューデントの t 分布を当てはめて,GARCH モデルを推定している.

また,Nelson [1991] は,z_t の分布として generalized error distribution (GED) とよばれる次のような密度関数をもつ分布を用いている.

$$f(z) = \frac{\eta \exp(-\frac{1}{2}|z/\lambda|^\eta)}{\lambda 2^{(1+1/\eta)}\Gamma(1/\eta)}, \quad 0 < \eta \leq \infty \quad (2.45)$$

ここで,

$$\lambda = \frac{1}{2^{1/\eta}}\sqrt{\frac{\Gamma(1/\eta)}{\Gamma(3/\eta)}}$$

である.この分布はパラメータ η に依存しており,それを変えると分布の裾の厚さが変わる.具体的には,η が 2 であれば,GED は標準正規分布になり,2

2.4 EGARCH モデルの拡張

より小さければ正規分布より裾の厚い分布，2 より大きければ正規分布より裾の薄い分布になる．Nelson [1991] は，NYSE 株価指数の日次データを用いて z_t の分布に GED を仮定した EGARCH モデルを推定し，η の推定値として有意に 2 より小さい値を得ている．

さらに，Bollerslev/Engle/Nelson [1994]，Watanabe [2000b] は，t 分布と GED を特殊ケースとして含む一般化 t 分布（generalized t-distribution）を用いて分析を行っている．この一般化 t 分布の密度関数は，

$$f(z_t) = \frac{\eta}{2b\psi^{1/\eta} B(1/\eta, \psi)[1 + |z_t|^\eta/(\psi b^\eta)]^{\psi+1/\eta}}, \quad (2.46)$$
$$\psi\eta > 2, \quad \eta > 0, \quad \psi > 0$$

である．ただし，

$$B(1/\eta, \psi) \equiv \frac{\Gamma(1/\eta)\Gamma(\psi)}{\Gamma(1/\eta + \psi)}$$

$$b \equiv \sqrt{\frac{\Gamma(\psi)\Gamma(1/\eta)}{\Gamma(3/\eta)\Gamma(\psi - 2/\eta)}}$$

この分布は η と ψ という 2 つのパラメータに依存するが，η は GED の η に，ψ は t 分布の自由度 ν を 2 で割ったものに相当する．したがって，一般化 t 分布は，$\eta = 2$ であれば自由度 2ψ の t 分布に，$\psi = \infty$ であれば GED になる．Bollerslev/Engle/Nelson [1994] は，NYSE 株価指数の日次データについて z_t の分布に一般化 t 分布を仮定した EGARCH モデルを推定している．その結果，η の 2 からの乖離が有意でなかったことから，GED より t 分布のほうがフィットがよいと結論づけている．

ここでは，z_t の分布として，t 分布，GED，一般化 t 分布をそれぞれ仮定して (2.42) 式の推定を行った．t 分布の ν，GED の η，そして，一般化 t 分布の η と ψ の推定結果は表 2.7 に示されている（他のパラメータの推定値は z_t の分布を標準正規分布として推定した結果（表 2.6）とあまり変わらなかったので省略する）．t 分布の ν の推定値は 7.123 であり，z_t の分布として t 分布を用いるとその自由度は約 7 になることがわかる．GED の η の推定値は 1.453 で，2 を有意に下回り，このことからも，z_t は正規分布より裾が厚い分布に従っていることがわかる．t 検定によると，η が 2 であるという帰無仮説は GED で

表 2.7 TOPIX 日次変化率の条件付き分布

(a) t 分布

	ν	対数尤度
推定値	7.123	-2602.92
標準誤差	1.069	

(b) GED 分布

	η	対数尤度
推定値	1.453	-2611.86
標準誤差	0.064	

(c) 一般化 t 分布

	ψ	η	対数尤度
推定値	2.897	1.406	-2600.52
標準誤差	0.393	0.374	

*ここに示されている標準誤差は，通常の漸近的な標準誤差である．

は棄却されるものの一般化 t 分布では棄却されない．また，一般化 t 分布において，

$$H_0 : \psi = \infty \text{ (GED 分布)}$$
$$H_0 : \eta = 2 \text{ (t 分布)}$$
$$H_0 : \psi = \infty, \eta = 2 \text{ (標準正規分布)}$$

という3つの帰無仮説の検定をそれぞれ尤度比検定によって行うと，z_t が GED に従うという仮説と標準正規分布に従うという仮説が棄却されるのに対して，z_t の分布が t 分布に従うという仮説は1%有意水準では棄却されない[*16]．この結果は，TOPIX 日次変化率の z_t の分布には t 分布が適しているということを示しており，Bollerslev/Engle/Nelson [1994] が NYSE 株価指数の日次データについて得た結果と整合的である．

図 2.5 は，表 2.7 のパラメータの推定値を使ってそれぞれの分布の密度関数を描いたものである．GED の特徴は中心が尖っていることで，裾の厚さは標準正規分布とさほど変わらない．それに対して，t 分布は中心の丸みは標準正規分布とほぼ同じで，裾の厚さは標準正規分布や GED より厚くなっている．そこで，NYSE 株価指数や TOPIX の日次変化率の z_t の分布に GED よりも t

---

[*16] 尤度比検定は，対数尤度をなんら制約なしに推定を行った場合のパラメータの推定値と帰無仮説の制約の下で推定を行った場合のパラメータの推定値とでそれぞれ計算し，その差を2倍した統計量がパラメータの制約の数を自由度とするカイ2乗分布に従うことを使って行われる．この統計量の値は，表 2.7 (c) の対数尤度から表 2.7 (b)，(a)，表 2.6 の対数尤度をそれぞれ引き2倍すれば求まり，帰無仮説が GED の場合は 22.68，t 分布の場合は 4.80，標準正規分布の場合は 78.30 である．

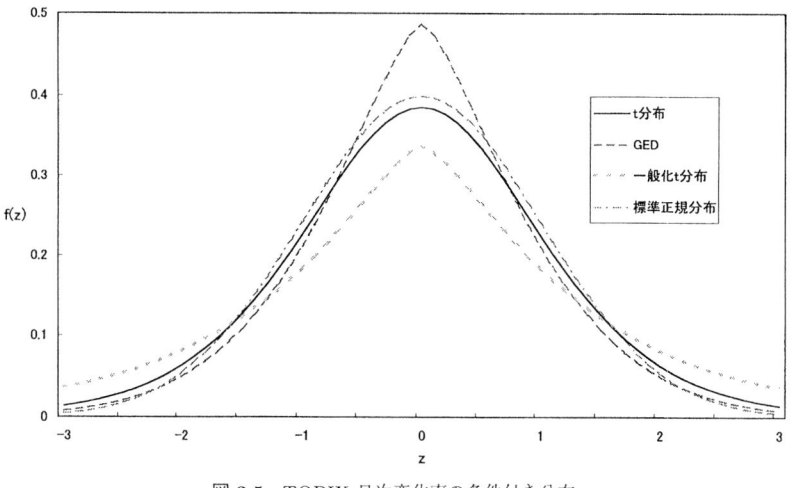

図 2.5 TOPIX 日次変化率の条件付き分布

分布がフィットしているということは，中心の尖り具合よりも裾の厚さが重要であるということを意味している．金融工学理論や VaR（value at risk）とよばれる金融資産のリスクの評価法では，簡便性のため，通常，株式収益率は正規分布に従うと仮定される．しかし，TOPIX 日次収益率の分布はボラティリティの変動を調整しても正規分布に従わないというここでの結果は，そうした従来の分析の仮定に疑問を投げかけるものである．

2.4.3　TOPIX 日次変化率の期待値および自己相関の変動

本書のこれまでの分析では，TOPIX 変化率の平均（期待値）はボラティリティの値には依存しないものとして分析を行った．しかし，ボラティリティが日々変動するのであれば，それに伴って期待収益率も変動する可能性がある．例えば，TOPIX 変化率のボラティリティが大きい日には，高いリスクの代償として期待収益率も上昇するものと予想される．こうしたリスクとリターンのトレード・オフを考慮に入れ，収益率を次のように定式化している研究もある．

$$R_t = a + c\sigma_t^2 + \epsilon_t \tag{2.47}$$

このような定式化は，Engle/Lilien/Robins [1987] によって提案されたものであり，例えば，収益率をこのように定式化し，ボラティリティを GARCH モデ

ルによって定式化したモデルはGARCH-Mモデルとよばれる．cが有意かどうかは論文によって異なり，例えば，Chou [1987], French/Schwert/Stambaugh [1987] らがGARCH-Mモデルを用いて有意な正の推定値を得ているのに対して，Nelson [1991] はEGARCH-Mモデルを用いて有意でない負の推定値を得ている[*17]．

また，LeBaron [1992], Sentana/Wahdwani [1992], Bollerslev/Engle/Nelson [1994] らは，アメリカの株式収益率について，自己相関とボラティリティの間に負の相関があることを発見している．さらに，Koutmos [1997] はオーストラリア，ベルギー，ドイツ，イタリア，イギリス，日本の株式収益率についても同様な負の相関関係を観測している（ただし，渡部 [1995] によると，TOPIX 日次変化率のデータでは，こうした自己相関とボラティリティの間の負の相関は90年以前には有意に観測されるものの，90年以降は有意でなくなっている）．その際，LeBaron [1992], Bollerslev/Engle/Nelson [1994], 渡部 [1995] らは，次のような定式化を行っている．

$$R_t = a + \left[b_0 + b_1 \exp\left(-\frac{\sigma_t^2}{\sigma^2}\right)\right] R_{t-1} + c\sigma_t^2 + \epsilon_t \quad (2.48)$$

ここで，σ^2 はスケール・パラメータであり，最尤法によって推定するのが難しいため，LeBaron [1992], Bollerslev/Engle/Nelson [1994], 渡部 [1995] らは，収益率の標本分散の値を用いている．これに対して，Sentana/Wadhwani [1992], Koutmos [1997] らは，ボラティリティと自己相関の間に単純な線形関係を想定し，

$$R_t = a + (b_0 + b_1\sigma_t^2)R_{t-1} + c\sigma_t^2 + \epsilon_t \quad (2.49)$$

としている．

本項では，(2.48) 式を用いて，TOPIX 日次変化率の期待収益率とボラティリティの関係および自己相関とボラティリティの関係について分析を行う．ただし，ボラティリティの変動は引き続き (2.42) 式によって定式化する．これま

[*17] Buckus/Gregory [1993] は，「消費に基づく資本資産価格モデル」(consumption based capital asset pricing model ; C-CAPM) を用いて，ボラティリティと期待収益率の間に負の関係が生じる可能性があることを理論的に示している．C-CAPM については，羽森 [1996] を参照のこと．

2.4 EGARCH モデルの拡張

表 2.8 期待収益率の変動

$$R_t = a + (b_0 + b_1 \exp(-\sigma_t^2/\sigma^2))R_{t-1} + c\sigma_t^2 + \epsilon_t$$
$$\sigma^2 = \text{TOPIX 日次変化率の標本分散}$$

	a	b_0	b_1	c	対数尤度
推定値	-0.050	0.079	0.040	0.014	-2636.75
標準誤差	0.020	0.084	0.082	0.020	

*ここに示されている標準誤差は,疑似最尤推定量の標準誤差である.

での分析では TOPIX 日次変化率にあらかじめ AR(2) モデルを当てはめたが,ここでは (2.48) 式のパラメータを (2.42) 式のパラメータとともに疑似最尤法(したがって,z_t の分布には標準正規分布を仮定)によって推定した[*18].推定結果は表 2.8 にまとめられている.b_1,c とも正の推定値が得られているが,どちらも統計的に有意でない.このことから,TOPIX 日次変化率には,ボラティリティと期待収益率の間にもボラティリティと自己相関の間にも有意な相関がないことがわかる.

これに対して,渡部 [1995] では,90 年以前の TOPIX 変化率のデータについても (2.48) 式を推定し,c はやはり有意でないものの,b_1 に関しては有意な正の値が得られている.90 年以前の TOPIX 日次変化率データで観測されるボラティリティと自己相関の負の相関が,90 年以降のデータではなぜ観測されないのかは定かでないが,LeBaron [1992],Sentana/Wadhwani [1992],Bollerslev/Engle/Nelson [1994] らがアメリカの株式収益率でボラティリティと自己相関の間に負の相関を観測しているのも 90 年以前のデータなので,最近のアメリカの株式収益率データを使ってボラティリティと自己相関の間に負の相関が観測されるかどうかも調べてみるべきであろう.

Sentana/Wadhwani [1992],Koutmos [1997] らは,ボラティリティと自己相関の間に負の相関関係が生じる原因として,positive feedback trader の存在をあげている.以下,彼らの解釈を述べておくことにしよう.ある株式の市場参加者は,将来の収益率の条件付き期待値に基づいて投資を行う合理的な投資家(以下,そうした投資家を smart money とよぶ)と,価格が上がれば買い下がれば売るという戦略をとる投資家(positive feedback trader とよぶ)の 2

[*18] TOPIX 日次変化率に通常の方法で AR モデルを当てはめると AR(2) モデルが選ばれるので(1.2.2 項参照),(2.48) 式にさらに R_{t-2} の項をつけ加えた推定も行ったが,有意ではなかった.

つのグループに分けられるものとする.smart money は危険回避的であり,この株式に対して次のような需要関数をもっているものとする.

$$X_t^s = \frac{\mathrm{E}_{t-1}(R_t) - a}{\mu(\sigma_t^2)}, \quad a > 0, \quad \mu(\cdot) > 0, \quad \mu'(\cdot) > 0 \qquad (2.50)$$

これに対して,positive feedback trader は次のような需要関数をもっているものとする.

$$X_t^p = \gamma R_{t-1}, \quad \gamma > 0 \qquad (2.51)$$

ここで,簡単化のため,発行済み株式総数を 1 とすると,この株式の需給の均衡条件は,

$$X_t^s + X_t^p = 1 \qquad (2.52)$$

であり,この式に (2.50),(2.51) 式を代入して計算すると,次のような式が得られる.

$$\mathrm{E}_{t-1}(R_t) = a + \mu(\sigma_t^2) - \mu(\sigma_t^2)\gamma R_{t-1} \qquad (2.53)$$

この式から,positive feedback trader は株式収益率に負の自己相関 $(-\mu(\sigma_t^2)\gamma)$ を生じさせることがわかる (もし positive feedback trader がいなければ,(2.53) 式の右辺の第 3 項は消える).ボラティリティ σ_t^2 の上昇は危険回避的な smart money の需要を減少させる $(\mu'(\sigma_t^2) > 0)$ ので,ボラティリティが上昇すると,positive feedback trader の価格に対する影響力が高まり,その結果,株式収益率の自己相関はより負の方向に向かうことになる.

株価指数の日次変化率には正の自己相関があることが知られているが,ボラティリティ σ_t^2 の上昇により,positive feedback trader が生み出す負の自己相関が,non-synchronous trading (1.5.5 項および Campbell/Lo/Mackinlay [1997, Section 3.1] 参照) など他の要因によって生み出される正の自己相関を上回るなら,自己相関は負に転じる可能性がある.実際,Koutmos [1997] は,多くの国で株価指数の日次変化率にこうした自己相関の符号の反転がみられることを示している.ただし,それはあくまで (2.49) 式の下での結果であり,(2.48) 式のような別の定式化を用いた場合にも自己相関の符号に反転がみられるかどうか今後さらに調べてみる必要がある.

また,Sentana/Wadhwani [1992], Koutmos [1997] は (2.49) 式の説明変数に R_{t-1} の絶対値を加えた

$$R_t = a + (b_0 + b_1\sigma_t^2)R_{t-1} + b_2|R_{t-1}| + c\sigma_t^2 + \epsilon_t \qquad (2.54)$$

を推定し，b_2 の推定値が正で有意であったことから，positive feedback trading は株価が下がった翌日により高まると結論づけている．彼らは，この原因として，「ポートフォリオ・インシュアランス」とよばれる投資戦略と信用取引をあげている[*19]．Campbell/Grossman/Wang [1993]，Conrad/Hameed/Niden [1994] らは，さらに，株式収益率の自己相関と取引高の間に負の相関があることを明らかにしている．

2.5 ARCH 型モデルを用いたその他の研究

ARCH 型モデルのボラティリティの説明変数に他の変数を加えるという研究も行われている．株式収益率のボラティリティと関係がある変数としてよく取り上げられるのは取引高である（資産市場での価格と取引高の関係についての研究のサーベイ論文には Karpoff [1987] がある）．収益率のボラティリティと取引高との間には正の相関があることがよく知られている．

Lamoureux/Lastrapes [1990b] は，NYSE で取引されている個別企業 20 社の株式の日次収益率について，t 期のボラティリティの説明変数に t 期の取引高 V_t を加えた GARCH(1,1) モデル

$$\sigma_t^2 = \omega + \beta\sigma_{t-1}^2 + \alpha\epsilon_{t-1}^2 + \gamma V_t, \quad \omega > 0, \quad \alpha, \beta, \gamma \geq 0 \qquad (2.55)$$

を推定し，

1) γ は統計的に有意である
2) 取引高を説明変数に加えると，β および α は有意でなくなる
3) 取引高を説明変数に加えると，(2.19)式の z_t が標準正規分布に従うという仮説が棄却されなくなる

といった興味深い結果を得ている．しかし，取引高とボラティリティが共通のショックによって同時決定される（そうしたモデルについては，3.6 節を参照のこと）なら，彼らの結果には同時性のバイアス（simultaneity bias）があることに

[*19] Watanabe [2002] は，東京証券取引所における信用取引に対する証拠金率と TOPIX 日次変化率の自己相関との間に正の相関関係があることを示している

なる．また，2) と 3) の結果は他のデータでは否定されている（Najand/Yung [1991], Locke/Sayers [1993], Watanabe [1996], Sharma/Mougoue/Kamath [1996] 参照）．

Day/Lewis [1992], Lamoureux/Lastrapes [1993] らは，ボラティリティの説明変数にインプライド・ボラティリティを加えて推定を行っている[*20]．前者は 1983 年 11 月から 1989 年 12 月までのアメリカの S&P100 のコール・オプション価格の週次データ，後者は 1982 年 4 月 19 日から 1984 年 3 月 31 日までのシカゴオプション取引所（Chicago Board Options Exchange；CBOE）で取引されている 10 社の株式のコール・オプション価格の日次データから算出されたインプライド・ボラティリティを用いて分析を行い，両者ともインプライド・ボラティリティは有意であるとの結論を得ている[*21]．

2.6 TOPIX 変化率の曜日効果について

これまでの分析では考えなかったが，株式収益率は曜日によって平均が異なることが知られており，こうした現象は曜日効果（day-of-the week effects）とよばれている．このように特定の期に株式収益率の平均や分散が変化するといった，株価変動に観測される原因のはっきりしないパターンのことをアノマリー（特異性）という．株式収益率のアノマリーには，曜日効果のほかに，1 月の平均収益率が他の月のそれと比べて高いという月効果や，月の最終取引日と月の前半に収益率が高くなるという旬効果などがある．これらについて興味のある読者は，加藤 [1990] を参照されたい．

さて，TOPIX 変化率にもこうした曜日効果が存在するかどうかを調べるため，次のように TOPIX 変化率を火曜から金曜までの各曜日を表す曜日ダミー

[*20] 彼らはインプライド・ボラティリティを計算するのに Black/Scholes [1973] の公式を用いているが，この公式はボラティリティ一定という仮定の下で導かれるものなので，ARCH 型モデルと整合的でない．ARCH 型モデルに従ってボラティリティが変動する場合のオプション価格については，Duan [1995] を参照のこと．また，三井 [2000] は，Duan [1995] の方法に基づき，GARCH モデルの下で日経 225 オプション価格の実証分析を行っている．

[*21] 日経 225 株価指数オプションの日次データを用いて同様の分析を行ったものに，Watanabe/Oga [1997] がある．

2.6 TOPIX 変化率の曜日効果について

表 2.9 TOPIX 日次変化率の曜日効果

$$r_t = a + d_1 D_t^{Tu} + d_2 D_t^{W} + d_3 D_t^{Th} + d_4 D_t^{F} + u_t$$

	a	d_1	d_2	d_3	d_4	$\bar{R}^2$	LB(12)
推定値	-0.230	0.232	0.164	0.301	0.231	0.004	30.68
標準誤差	0.080	0.100	0.101	0.101	0.102		

*ここで示されている標準誤差は,White [1980] の方法によって計算された標準誤差 (heteroskedasticity-consistent standard error) である.LB(12) は,Diebold [1988] の方法によって分散不均一性を調整した Ljung/Box 統計量を,$\bar{R}^2$ は自由度修正済み決定係数を表す.

$(D_t^{Tu}, D_t^{W}, D_t^{Th}, D_t^{F})$ で回帰してみよう.

$$R_t = a + d_1 D_t^{Tu} + d_2 D_t^{W} + d_3 D_t^{Th} + d_4 D_t^{F} + u_t \tag{2.56}$$

曜日ダミーとは,t 期がその曜日であれば 1,その他の曜日であれば 0 となるダミー変数である.例えば,D_t^{Tu} は,t 期が火曜日であれば 1,その他の曜日であれば 0,D_t^{W} は t 期が水曜日であれば 1,その他の曜日であれば 0 である.推定結果は表 2.9 に示されているが,d_1, d_2, d_3, d_4 すべての推定値が正の値を示しており,d_2 以外は 1%有意水準で有意である.このことは,TOPIX 変化率の平均は月曜日に下がる傾向があることを示している.

こうした日本の株式収益率の曜日効果の研究には,Jaffe/Westerfield [1985] や池田 [1988] があるが,彼らは日本では火曜日に株価が下がる傾向があるというここでの推定結果とは異なる結果を得ている.これは,標本期間の違いによるものと思われる.彼らが分析しているのは 90 年以前のデータであり,この時期,アメリカでは月曜日に株価が下がる傾向があった (French [1980], Gibbons/Hess [1981], Keim/Stambaugh [1984] 参照).アメリカで月曜日の市場が閉まった後に日本で市場が開くのは火曜日であり,また,日本の株価はアメリカの株価に強く影響を受けているので,日本では火曜日に株価が下がる傾向があったものと思われる.ところが,こうしたアメリカで月曜日に株価が下がるという傾向は 90 年以降みられなくなっており (Peiro [1994] 参照),その結果,日本でも火曜日に株価が下がるという傾向がなくなり,むしろ月曜日に株価が下がる傾向がみられるようになったものと思われる.

こうした曜日効果を考慮に入れて本書のこれまでの分析を行った場合に,同じ結果が得られるかどうかはチェックしてみる必要がある.そこで,(2.56) 式

の残差を使ってこれまでの分析をすべて行ってみた[*22]．しかし，幸い，結果は定性的にはまったく変わらなかった．

[*22] Gallant/Rossi/Tauchen [1992] では，株式収益率だけでなく，そのボラティリティからも曜日効果を事前に除去する方法を提案している．

3

確率的ボラティリティ変動モデル

　ボラティリティ変動モデルは ARCH 型モデルに限られるわけではない．最近注目を集めている別のボラティリティ変動モデルに確率的ボラティリティ変動（stochastic volatility；SV）モデルがある．

　引き続き，ある資産の t 期の価格変化率ないしは収益率 R_t を，(1.24) 式のように，$t-1$ 期に予測可能な変動 $\mathrm{E}_{t-1}(R_t)$ と予測不可能なショック ϵ_t に分割する．さらに，予測不可能なショック ϵ_t を，(1.25) 式のように，ボラティリティ σ_t と期待値および分散がそれぞれ 0，1 であり，過去と独立で同一な分布に従う確率変数 z_t との積として表すことにする．

　1.3 節で述べたように，SV モデルでは，ボラティリティの対数値の変動を線形の ARMA モデルによって定式化する．通常，次のような最も簡単な AR(1) モデル

$$\ln(\sigma_t^2) = \omega + \phi \ln(\sigma_{t-1}^2) + \eta_t, \quad \eta_t \sim \mathrm{i.i.d.} N(0, \sigma_\eta^2) \qquad (3.1)$$

が用いられる．ここで，$\eta_t \sim \mathrm{i.i.d.} N(0, \sigma_\eta^2)$ は η_t が過去と独立かつ同一な平均 0，分散 σ_η^2 の正規分布に従うことを表している．また，σ_t^2 ではなくその対数値を考えるのは，σ_t^2 が負にならないようにするためである．すでに何度も述べたように，資産市場では，ボラティリティがいったん上昇すると，ボラティリティの高い日が続く傾向があることが知られており，(3.1) 式では，こうしたボラティリティのショックの持続性を ϕ によって測ることができる．$|\phi| < 1$ であれば (3.1) 式は定常性を満たし，ボラティリティに対するショックは時間とともに消滅してゆくが，ϕ が 1 に近ければ近いほど，ショックの持続性が高いことになる．

SV モデルは金融工学理論において重要なモデルである．Scott [1987]，Hull/White [1987]，Wiggins [1987]，Chesney/Scott [1989]，Melino/Turnbull [1990] らにより，ボラティリティが確率的に変動する場合のオプション価格の分析が行われているが，SV モデルはそこで用いられているモデルを離散近似したものになっている[*1]．また，Clark [1973]，Tauchen/Pitts [1983]，Andersen [1996] らは，株価を変動させるような情報の量が日々確率的に変動するという仮定の下で，株式収益率が SV モデルに従うことを示している（詳しくは，3.1.1 項参照）．

しかし，(3.1) 式には撹乱項 η_t が存在するため，ARCH 型モデルと違い，SV モデルでは t 期のボラティリティ σ_t^2 の値は $t-1$ 期には未知である．そのため，パラメータを最尤推定することが難しく（詳しくは，3.1.3 項参照），これまであまり実証研究に用いられてこなかった．そこで，以下では，SV モデルについて，推定法を中心に解説を行う．

3.1 SV モデルの特徴

3.1.1 分布混合仮説

金融工学の分野で重要な仮説に，Clark [1973] によって提案された「分布混合仮説」(mixture-of-dsitributions hypothesis) がある．この仮説では，株価を変動させるような情報の量が日々確率的に変動し，それによって 1 日の取引回数が日々確率的に変動すると考える．この仮説の下で，資産価格の変化率が SV モデルに従うことを示すことができる．

第 t 取引日には，日中，I_t 回の取引が行われたものとしよう．こうした日中の 1 回 1 回の取引で生じる価格変化率は平均ゼロ，分散 σ_r^2 であり，また，過去と独立であるものとしよう．すなわち，I_t 回の中の第 i 番目の取引において生じる価格変化率を r_{it} とすると，$\mathrm{E}(r_{it})=0$，$\mathrm{Var}(r_{it})=\sigma_r^2$ である．I_t が十分大きいとすると，中心極限定理より，日次価格変化率 R_t は次のように表

[*1] そこでは，ボラティリティの変動の定式化に Ornstein-Uhlenbeck 過程という連続型の確率過程が用いられている．そうした連続型モデルの ARCH 型モデルによる近似については，Nelson [1990]，Nelson/Foster [1994] を参照のこと．

せる．

$$R_t = \sum_{i=1}^{I_t} r_{it} = \sigma_r \sqrt{I_t} z_t, \quad z_t \sim \text{i.i.d.} N(0,1) \tag{3.2}$$

ここで，I_t の対数値が AR(1) モデル

$$\ln(I_t) = \omega' + \phi \ln(I_{t-1}) + \eta_t, \quad \eta_t \sim \text{i.i.d.} N(0, \sigma_\eta^2) \tag{3.3}$$

に従っているとしよう．$\sigma_t \equiv \sigma_r \sqrt{I_t}$ とすると，(3.2), (3.3) 式は，(1.24), (1.25), (3.1) 式において，$E_{t-1}(R_t) = 0$ としたものになる．ただし，$\omega = \omega' + (1-\phi) \ln(\sigma_r^2)$ である．

3.1.2 SV モデルの尤度

ARCH 型モデルは，t 期のボラティリティ σ_t^2 を $t-1$ 期にすでに値がわかっている変数だけの（撹乱項を含まないという意味で）確定的な関数として定式化する．こうした定式化の下では，σ_t^2 の値が $t-1$ 期に既知となるため，尤度の値を簡単に計算することができる（2.2.1 項参照）．ところが，SV モデルの (3.1) 式には撹乱項 η_t が存在するため，ARCH 型モデルと違い，SV モデルでは σ_t^2 の値が $t-1$ 期に既知にならない．このような変数は潜在変数 (latent variable) とよばれ，こうした潜在変数を含むモデルでは，一般的に，尤度の計算が難しい．

以下，2.2.1 項と同様，株式収益率または株価変化率の標本に AR モデルを当てはめた残差 $\{\hat{\epsilon}_t\}_{t=1}^T$ を $\{\epsilon_t\}_{t=1}^T$ にほぼ等しいと考え，$\{\epsilon_t\}_{t=1}^T$ が既知であるものとして話を進めよう．そうすると，(1.25) 式と (3.1) 式だけを考えればよいことになる．

(1.25) 式と (3.1) 式からなる SV モデルの場合，推定すべき未知のパラメータは $(\omega, \phi, \sigma_\eta)$ である．これらをまとめて $\boldsymbol{\theta}$ で表すことにすると，SV モデルの尤度関数は次のように表される．

$$\begin{aligned} L(\boldsymbol{\theta}) &= f(\{\epsilon_t\}_{t=1}^T | \boldsymbol{\theta}) \\ &= \int_0^\infty \cdots \int_0^\infty f(\{\epsilon_t\}_{t=1}^T, \{\sigma_t^2\}_{t=1}^T | \boldsymbol{\theta}) d\sigma_1^2 \ldots d\sigma_T^2 \end{aligned}$$

$$= \int_0^\infty \cdots \int_0^\infty f(\{\epsilon_t\}_{t=1}^T | \{\sigma_t^2\}_{t=1}^T) f(\{\sigma_t^2\}_{t=1}^T | \boldsymbol{\theta}) d\sigma_1^2 \ldots d\sigma_T^2 \quad (3.4)$$

$$= \int_0^\infty \cdots \int_0^\infty \left[\prod_{t=1}^T f(\epsilon_t|\sigma_t^2)\right] f(\sigma_1^2|\boldsymbol{\theta}) \left[\prod_{t=2}^T f(\sigma_t^2|\sigma_{t-1}^2;\boldsymbol{\theta})\right] d\sigma_1^2 \ldots d\sigma_T^2$$

ここで,(1.25) 式の z_t が標準正規分布に従うと仮定すると,

$$f(\epsilon_t|\sigma_t^2) = \frac{1}{\sqrt{2\pi\sigma_t^2}} \exp\left(-\frac{\epsilon_t^2}{2\sigma_t^2}\right) \quad (3.5)$$

であり,また,(3.1) 式より,

$$f(\sigma_t^2|\sigma_{t-1}^2;\boldsymbol{\theta}) = \frac{1}{\sqrt{2\pi\sigma_\eta^2}\sigma_t^2} \exp\left(-\frac{[\ln(\sigma_t^2) - \omega - \phi\ln(\sigma_{t-1}^2)]^2}{2\sigma_\eta^2}\right) \quad (3.6)$$

$$f(\sigma_1^2|\boldsymbol{\theta}) = \frac{1}{\sqrt{2\pi\sigma_\eta^2/(1-\phi^2)}\sigma_1^2} \exp\left(-\frac{[\ln(\sigma_1^2) - \omega/(1-\phi)]^2}{2\sigma_\eta^2/(1-\phi^2)}\right) \quad (3.7)$$

である.(3.4) 式の積分が解析的に解けないため,SV モデルの場合,パラメータを最尤推定することが難しいのである.

3.2 SV モデルの推定法のサーベイ

3.2.1 簡 易 法

前節で述べたように SV モデルは尤度の計算が難しいため,尤度に基づかない簡単な推定法がいくつか提案されている.その代表的なものが積率(moment)に基づく推定法である.Taylor [1986] は単純な積率法(method of moments;MM),Melino/Turnbull [1990] は一般化積率法(generalized method of moments;GMM)に基づいて SV モデルのパラメータを推定している.しかし,こうした方法によるパラメータの推定値は効率性が低いことが知られている.Andersen/Sørensen [1996], Andersen/Chung/Sørensen [1999] は,モーメントやウエイト行列の選択を工夫することでパラメータの推定値の効率性がどれだけ上昇するかをモンテカルロ実験によって調べているが,さほど目立った効率性の上昇はみられていない.

もう 1 つの簡便な推定法は Nelson [1988], Harvey/Ruiz/Shephard [1994] らによって提案された疑似最尤法(quasi-maximum likelihood estimation;

QMLE）である．この方法は，まず，(1.25) 式の両辺を 2 乗した後，対数をとることによって，次のような式に変換する．

$$\ln(\epsilon_t^2) = \ln(\sigma_t^2) + \ln(z_t^2) \tag{3.8}$$

(3.8), (3.1) 式は線形状態空間モデルを構成するので，$\ln(z_t^2)$ の分布を正規分布で近似すると，カルマン・フィルタを適用することにより尤度を計算できる（詳しくは，3.4 節を参照のこと）．ただし，z_t が標準正規分布に従うものとすると，$\ln(z_t^2)$ の分布は正規分布ではないため，このようにして計算される尤度は，正しい尤度ではなく，疑似尤度（quasi-likelihood）ということになる．この疑似尤度を最大化するようにパラメータの値を選択するのが，Nelson [1988], Harvey/Ruiz/Shephard [1994] らの QMLE である．しかし，この方法も，GMM 同様，正しい尤度に基づかないので，推定値の効率性が低いことが知られている．

Nelson [1988], Harvey/Ruiz/Shephard [1994] らが $\ln(z_t^2)$ の分布を正規分布で近似しているのに対して，Watanabe [1997b] はそれを混合正規分布（normal mixture distribution）によって近似する方法を提案しており，この方法を使うと推定値の効率性のゲインが大きいことをモンテカルロ実験により示している．また，(3.8) 式を使うと，$\epsilon_t = 0$ であった場合に $\ln(\epsilon_t^2) = -\infty$ となってしまうという問題点があるが，Breidt/Carriquiry [1996] は，こうした問題への対処法を提案している．

最後に，Asai [1998] では，SV モデルを log-GARCH モデルに変換したうえで，QMLE によって推定するという方法が提案されている．

3.2.2 計算量を要する方法

コンピュータの処理能力の改善により，正確な尤度を計算し，それに基づいて SV モデルのパラメータの推定を行おうとする試みもみられるようになってきた．例えば，Nagahara/Kitagawa [1999], Fridman/Harris [1998], Watanabe [1999] らは，確率密度関数をスプライン関数で近似する Kitagawa [1987] の非線形フィルタにより尤度を評価している[*2]．以下，この方法を非線形フィ

[*2] Watanabe [1999] では，スプライン関数による近似の精度を上げるため，まず QMLE によりボラティリティの分布を推定し，そこからサンプリングを行ってスプライン近似を行う grid を選んでいる．こうしたテクニックについて詳しくは，Tanizaki [1993, 1996] を参照のこと．

ルタに基づく最尤法 (nonlinear filtering maximum likelihood estimation ; NFMLE) とよぶ. また, Danielsson/Richard [1993], Danielsson [1994a] らは, モンテカルロ積分により尤度を評価するシミュレーションによる最尤法 (simulated maximum likelihood estimation ; SMLE) を提案している.

以上ではすべて最尤法によりパラメータを推定しているが, それに対して, Jacquier/Polson/Rossi [1994] はベイズ推定法を提案している. 彼らは, マルコフ連鎖モンテカルロ (Markov-chain Monte Carlo ; MCMC) 法によってパラメータおよびボラティリティの値を事後分布からサンプリングするという方法を用いている. 彼らの方法は, その後, Pitt/Shephard [1995], Shephard/Pitt [1997], Watanabe/Omori [2001] らによって改良が加えられている.

また, Sandmann/Koopman [1998] は, (3.8), (3.1) 式からなる線形状態空間モデルに SMLE 法を適用している. 同様に, Kim/Shephard/Chib [1998] や Mahieu/Schotman [1998] は, 線形状態空間モデルに MCMC 法に基づくベイズ推定法を適用している.

こうした computer intensive な方法は, GMM や QMLE に比べ, かなりの計算時間を要するが, その分, パラメータの推定値の効率性が高いことがモンテカルロ実験により示されている (Jacquier/Polson/Rossi [1994], Danielsson [1994b], Fridman/Harris [1998], Sandmann/Koopmann [1998], Watanabe [1999] 参照).

正確な尤度に基づくものではないがやはり計算時間を要する方法に, Gourieroux/Monfort/Renault [1993] の indirect inference 法や Duffie/Singleton [1993] のシミュレーションによる積率法 (simulated method of moments ; SMM) などがある.

3.3 SV モデルの発展

SV モデルはもっぱらその推定方法に注目が集まり, ARCH 型モデルに比べると, モデルの改良はあまり行われていないのが現状である. しかし, いくつかの論文で SV モデルの改良がみられるので, 以下, そうした研究を簡単にまとめておく.

3.3 SV モデルの発展

まず,Melino/Turnbull [1990], Harvey/Shephard [1996] らは,ϵ_{t-1} と η_t の間に相関を導入することにより,ボラティリティ変動の非対称性を分析している.Melino/Turnbull [1990] は GMM によって,Harvey/Shephard [1996] は QMLE によって,それぞれ,ϵ_{t-1} と η_t の相関係数を推定している.

これに対して,Nelson [1988], Danielsson [1994a], Watanabe [1999] らは,z_{t-1} または ϵ_{t-1} を (3.1) 式の右辺に加えることにより,ボラティリティ変動の非対称性を分析している(Nelson [1988] は QMLE, Danielsson [1994a] は SMLE, Watanabe [1999] は NFMLE を用いて推定を行っている).また,Breidt [1996] は前日の株価が上がったか下がったかで (3.1) 式の $\omega, \phi, \sigma_\eta^2$ の値が変化する threshold autoregressive SV (TASV) モデルを提案し,MCMC 法を使ってベイズ推定している.So/Lam/Li [1998] は,状態遷移確率に従って ω の値が変化する Markov switching SV モデルを提案し,MCMC 法を使ってベイズ推定している.

パラメータ $\omega, \phi, \sigma_\eta^2$ だけでなく,収益率の自己相関を同時に最尤推定しているものに,Watanabe [1999] (NFMLE), Danielsson [1994a] (SMLE) がある.Watanabe [1999] は AR(1) モデルによって,Danielsson [1994a] は MA(1) モデルによって収益率を定式化している.リスクとリターンのトレード・オフについては,Nelson [1988] が σ_t を収益率の式に加え QMLE によって推定を行っているのに対し,Watanabe [1999] は σ_t^2 を加え NFMLE によって推定している.

Harvey/Ruiz/Shephard [1994], Ruiz [1994] らは,z_t が t 分布に従う場合の QMLE についても議論を行っている.Asai [1999] は,z_t が GED に従う場合の SV モデルを MCMC 法を使ってベイズ推定している.また,Nagahara/Kitagawa [1999] は,z_t がピアソン型分布に従う場合の SV モデルを NFMLE により推定している.Fridman/Harris [1998] は,z_t だけでなく η_t も t 分布に従う SV モデルを NFMLE によって推定している.

Harvey/Ruiz/Shephard [1994], Ruiz [1994] らは,(3.1) 式において $\omega = 0$, $\beta = 1$ としたランダム・ウォーク SV モデルについても分析している[*3].また,Watanabe [1997c] は,ボラティリティのショックに恒久的なショックと一時的

[*3] SV モデルにおいて,$\phi = 1$ かどうかを検定する方法については,So/Li [1999] や Wright [1999] を参照のこと.

なショックがある SV モデルを提案し，QMLE によって分析している．

SV モデルを取引高を含める形で拡張したモデルに，Tauchen/Pitts [1983] や Andersen [1996] らによる動学的 2 変量分布混合（dynamic bivariate mixture；DBM）モデルがある．このモデルは 3.1.1 項で紹介した分布混合仮説に基づくもので，1 日のうちの 1 回 1 回の取引で発生する収益率と取引高は独立であるが，1 日の取引回数が日々変動することにより，日々の収益率のボラティリティと取引高との間に正の相関が生まれるとするモデルである．Tauchen/Pitts [1983] モデルでは，第 t 日の中の取引回数 I_t が与えられると，収益率 R_t と取引高 V_t は次のような分布に従う（詳しくは，3.6 節参照）．

$$\begin{pmatrix} R_t \\ V_t \end{pmatrix} \middle| I_t \sim \text{i.i.d.} N\left(\begin{bmatrix} 0 \\ \mu_v I_t \end{bmatrix}, \begin{bmatrix} \sigma_r^2 I_t & 0 \\ 0 & \sigma_v^2 I_t \end{bmatrix} \right) \quad (3.9)$$

ここで，$\ln(I_t)$ が ARMA モデルに従っているものとし，V_t を無視すると，SV モデルになる．したがって，このモデルのパラメータもやはり最尤推定することが困難であり，また，このモデルは線形状態空間モデルに変換することができないので QMLE をはじめとする線形状態空間への変換を必要とする推定法は使えない．Lamoureux/Lastrapes [1994] は MM，Watanabe [2000a] は MCMC ベイズ推定法，Andersen [1996] は GMM を用いてこのモデルの推定を行っている．

最後に，Watanabe [1994, 1996] は，収益率のボラティリティと取引高とを 2 変量自己回帰モデルで定式化し，QMLE によって推定を行っている．

3.4　カルマン・フィルタを使った疑似最尤法

本節では，SV モデルの簡便な推定法の 1 つである Nelson [1988]，Harvey/Ruiz/Shephard [1994] らによって提案された疑似最尤法（quasi-maximum likelihood estimation；QMLE）について解説を行う．この推定法を理解するためには，状態空間モデルやカルマン・フィルタの知識が必要となるので，それらの解説から始める．状態空間モデルやカルマン・フィルタについて解説した文献には，Harvey [1981, Chapter4]，Hamilton [1994a, Chapter13]，Hamilton

[1994b], Harvey [1989], Wells [1996] などがあるので, 詳細についてはそれらを参照されたい.

3.4.1 状態空間モデル

われわれの知りたい変量が誤差を含んでしか観測されないというケースは少なくない. 状態空間モデルとは, そうした状況をモデル化するものである.

いま, 観測される変数 $\{y_t\}$ は, 観測されない変数 $\{x_t\}$ に依存して次式のように確率的に決まるものとする.

$$y_t = a + bx_t + u_t \tag{3.10}$$

ここで, a, b は定数を, u_t は確率変数を表す. この u_t はホワイト・ノイズであるものとする (ホワイト・ノイズについて, 詳しくは, 1.1 節を参照のこと). 以下, u_t の分散は σ_u^2 で表す.

x_t は状態変数 (state variable) とよばれ, その変動は次式のような AR(1) モデルによって記述されるものとする.

$$x_t = \omega + \phi x_{t-1} + \eta_t \tag{3.11}$$

ただし, ω, ϕ は定数であり, η_t はホワイト・ノイズであるとする. 以下, η_t の分散は σ_η^2 で表す.

以上の (3.8) 式を観測方程式 (measurement equation), (3.11) 式を遷移方程式 (transition equation) とよび, (3.8), (3.11) 式からなるモデルを線形状態空間モデルという. 多くの場合, u_t と η_s はすべての t, s において無相関

$$\mathrm{Cov}(u_t, \eta_s) = 0$$

であると仮定される[*4]. 以下, ここでも同様の仮定をする. また, y_t, x_t はそれぞれベクトルであっても構わない. その場合, 定数 a, b, ω, ϕ および誤差分散 $\sigma_u^2, \sigma_\eta^2$ は y_t, x_t の次元に応じたベクトルないしは行列になる[*5]. ここでは話を簡単にするため, y_t, x_t はどちらもスカラーであるものとする. したがって, 定数 a, b, ω, ϕ および誤差分散 $\sigma_u^2, \sigma_\eta^2$ もすべてスカラーである. また, 定数 a, b, ω, ϕ および誤差分散 $\sigma_u^2, \sigma_\eta^2$ は $t-1$ 期に t 期の値がわかるのであれば,

---

[*4] u_t と η_s に相関がある場合の取扱いについては, Jazwinski [1970, pp.209–211], Harvey [1989, pp.112–113] を参照のこと.

[*5] 詳しくは, Harvey [1989, pp.100–101] 参照.

時間とともに変動しても構わないが，以下では簡単化のため，それらはすべて時間を通じて一定であるとする．

3.4.2 カルマン・フィルタ

しばらくの間，線形状態空間モデルのパラメータ $a, b, \omega, \phi, \sigma_u^2, \sigma_\eta^2$ は既知であるものとする．また，x_t が与えられたときの y_t の条件付き密度を $f(y_t|x_t)$，x_{t-1} が与えられたときの x_t の条件付き密度を $f(x_t|x_{t-1})$ で表すことにしよう．(3.10), (3.11) 式からなる線形状態空間モデルにおいて，誤差項 u_t, η_t が正規分布に従うとすると，

$$f(y_t|x_t) = \frac{1}{\sqrt{2\pi\sigma_u^2}} \exp\left[-\frac{(y_t - a - bx_t)^2}{2\sigma_u^2}\right] \quad (3.12)$$

$$f(x_t|x_{t-1}) = \frac{1}{\sqrt{2\pi\sigma_\eta^2}} \exp\left[-\frac{(x_t - \omega - \phi x_{t-1})^2}{2\sigma_\eta^2}\right] \quad (3.13)$$

となる．

まず，$t-1$ 期における x_t の予測について考えよう．これは，観測値

$$\boldsymbol{y}_{t-1} = (y_1, y_2, \ldots, y_{t-1})$$

が与えられたときの x_t の条件付き密度 $f(x_t|\boldsymbol{y}_{t-1})$ を求めることにほかならない．$f(x_t|\boldsymbol{y}_{t-1})$ がわかれば，$t-1$ 期における x_t の予測値は，

$$E(x_t|\boldsymbol{y}_{t-1}) = \int_{-\infty}^{\infty} x_t f(x_t|\boldsymbol{y}_{t-1}) dx_t$$

として計算することができる．条件付き密度 $f(x_t|\boldsymbol{y}_{t-1})$ は次のように書き換えられる[*6]．

$$f(x_t|\boldsymbol{y}_{t-1}) = \int_{-\infty}^{\infty} f(x_t, x_{t-1}|\boldsymbol{y}_{t-1}) dx_{t-1}$$
$$= \int_{-\infty}^{\infty} f(x_t|x_{t-1}, \boldsymbol{y}_{t-1}) f(x_{t-1}|\boldsymbol{y}_{t-1}) dx_{t-1}$$

[*6]
$$f(x) = \int_{-\infty}^{\infty} f(x,y) dy, \ f(x,y) = f(x|y)f(y)$$

である．また，(3.10), (3.11) 式からなる線形状態空間モデルでは，

$$f(x_t|x_{t-1}, \boldsymbol{y}_{t-1}) = f(x_t|x_{t-1})$$

であることに注意．

$$= \int_{-\infty}^{\infty} f(x_t|x_{t-1}) f(x_{t-1}|\boldsymbol{y}_{t-1}) dx_{t-1} \quad (3.14)$$

ここで, $f(x_t|x_{t-1})$ は (3.13) 式により与えられる. (3.14) 式を以下, 予測方程式 (prediction equation) とよぶ.

次に, t 期における x_t の推定について考えよう. これは, 観測値

$$\boldsymbol{y}_t = (y_1, y_2, \ldots, y_t)$$

が与えられたときの x_t の条件付き密度 $f(x_t|\boldsymbol{y}_t)$ を求めることにほかならない. $f(x_t|\boldsymbol{y}_t)$ は次のように表すことができる[*7].

$$\begin{aligned} f(x_t|\boldsymbol{y}_t) &= f(x_t|y_t, \boldsymbol{y}_{t-1}) \\ &= \frac{f(x_t, y_t|\boldsymbol{y}_{t-1})}{f(y_t|\boldsymbol{y}_{t-1})} \\ &= \frac{f(y_t|x_t, \boldsymbol{y}_{t-1}) f(x_t|\boldsymbol{y}_{t-1})}{f(y_t|\boldsymbol{y}_{t-1})} \\ &= \frac{f(y_t|x_t) f(x_t|\boldsymbol{y}_{t-1})}{f(y_t|\boldsymbol{y}_{t-1})} \end{aligned} \quad (3.15)$$

さらに, この式の分母は次式のように表せる.

$$\begin{aligned} f(y_t|\boldsymbol{y}_{t-1}) &= \int_{-\infty}^{\infty} f(y_t, x_t|\boldsymbol{y}_{t-1}) dx_t \\ &= \int_{-\infty}^{\infty} f(y_t|x_t, \boldsymbol{y}_{t-1}) f(x_t|\boldsymbol{y}_{t-1}) dx_t \\ &= \int_{-\infty}^{\infty} f(y_t|x_t) f(x_t|\boldsymbol{y}_{t-1}) dx_t \end{aligned} \quad (3.16)$$

ここで, (3.15), (3.16) 式の $f(y_t|x_t)$ は, (3.12) 式により与えられる. また, $f(x_t|\boldsymbol{y}_{t-1})$ は, (3.14) 式から計算されるものである. (3.15) 式は, t 期になって新たに y_t が観測されたときに, $f(x_t|\boldsymbol{y}_{t-1})$ を $f(x_t|\boldsymbol{y}_t)$ に更新する式なので, 以下, 更新方程式 (updating equation) とよぶ.

(3.14)-(3.16) 式は, 密度関数

$$f(x_1|\boldsymbol{y}_0)(= f(x_1))$$

[*7] (3.10), (3.11) 式からなる線形状態空間モデルでは,

$$f(y_t|x_t, \boldsymbol{y}_{t-1}) = f(y_t|x_t)$$

であることに注意.

が与えられると，(3.15), (3.16) 式より $f(x_1|\bm{y}_1)$ が計算され，それを使って (3.14) 式より $f(x_2|\bm{y}_1)$ が計算される．今度はそれを使って (3.15), (3.16) 式より $f(x_2|\bm{y}_2)$ が計算されるといった具合に，$f(x_t|\bm{y}_{t-1})$, $f(x_t|\bm{y}_t)$ が逐次的に計算される格好になっている．

しかし，残念なことに，(3.14), (3.16) 式は積分を含んでおり，この積分を解析的に解くことは一般的には難しい．この積分が解析的に解ける唯一のケースは，誤差項 u_t, η_t がどちらも正規分布に従う場合である．その場合には，(3.14)–(3.16) 式に現れる密度関数はすべて正規分布の密度関数になるからである．正規分布の密度関数は，平均と分散という2つのパラメータだけに依存する．そこで，誤差項 u_t, η_t がどちらも正規分布に従う場合には，(3.14)–(3.16) 式は，もはや確率密度関数を使って表現する必要はなく，平均と分散だけで表すことができる．$f(x_t|\bm{y}_{t-1})$ の平均と分散を $x_{t|t-1}$, $P_{t|t-1}$, $f(x_t|\bm{y}_t)$ の平均と分散を $x_{t|t}$, $P_{t|t}$, $f(y_t|\bm{y}_{t-1})$ の平均と分散を ν_t, F_t とすると，(3.14)–(3.16) 式は以下のように表される．

予測方程式

$$x_{t|t-1} = \omega + \phi x_{t-1|t-1} \tag{3.17}$$

$$P_{t|t-1} = \phi^2 P_{t-1|t-1} + \sigma_\eta^2 \tag{3.18}$$

更新方程式

$$x_{t|t} = x_{t|t-1} + \frac{bP_{t|t-1}}{F_t}\nu_t \tag{3.19}$$

$$P_{t|t} = P_{t|t-1} - \frac{b^2 P_{t|t-1}^2}{F_t} \tag{3.20}$$

ここで，

$$\nu_t = y_t - a - bx_{t|t-1} \tag{3.21}$$

$$F_t = b^2 P_{t|t-1} + \sigma_u^2 \tag{3.22}$$

この (3.17)–(3.22) 式はカルマン・フィルタとよばれ，適当な $x_{1|0}$, $P_{1|0}$ からスタートして，逐次的に解くことができる．(3.11) 式が定常的であれば，すなわち，$|\phi| < 1$ であれば，x_t の無条件平均 $\mathrm{E}(x_t)$ と無条件分散 $\mathrm{Var}(x_t)$ はそれぞれ $\omega/(1-\phi)$, $\sigma_\eta^2/(1-\phi^2)$ である．通常，これらを $x_{1|0}$, $P_{1|0}$ として

用いる．

こうしたカルマン・フィルタを使って計算される $x_{t|t-1}, x_{t|t}$ は，u_t と η_t が正規分布に従う場合，すべての不偏推定量の中で分散が最小になる．すなわち，最小分散不偏推定量になる．u_t, η_t のどちらかまたは両方が正規分布に従わない場合でも，線形不偏推定量の中では分散が最小になる．すなわち，そうした場合でも，カルマン・フィルタを使って計算される $x_{t|t-1}, x_{t|t}$ は最小分散線形不偏推定量になっている．

3.4.3 パラメータの推定

パラメータ $(a, b, \omega, \phi, \sigma_u^2, \sigma_\eta^2)$ が未知の場合には，(疑似) 最尤法によりそれらを推定することができる．未知のパラメータ $(a, b, \omega, \phi, \sigma_u^2, \sigma_\eta^2)$ をまとめて $\boldsymbol{\theta}$ で表すことにすると，尤度 L は，次のように表すことができる (尤度について詳しくは，2.2.1 項を参照のこと)．

$$\begin{aligned} L &= f(\boldsymbol{y}_T|\boldsymbol{\theta}) \\ &= f(y_1|\boldsymbol{\theta}) \prod_{t=2}^{T} f(y_t|\boldsymbol{y}_{t-1}; \boldsymbol{\theta}) \end{aligned} \quad (3.23)$$

ここで，$f(y_t|\boldsymbol{y}_{t-1}; \boldsymbol{\theta})$ は (3.16) 式によって計算されるので，パラメータ $\boldsymbol{\theta}$ になんらかの値が与えられると，その下で (3.14)–(3.16) 式を逐次的に解くことができれば，$f(y_t|\boldsymbol{y}_{t-1}; \boldsymbol{\theta})$ 計算することができる．その値を使って，(3.23) 式から尤度の値を計算することができる．

しかし，すでに述べたように，一般的に，(3.14), (3.16) 式の積分を解析的に解くことは難しい．この積分が解析的に解けるの唯一のケースは，誤差項 u_t, η_t がどちらも正規分布に従う場合であり，その場合には，(3.14)–(3.16) 式は，(3.17)–(3.22) 式のように平均と分散だけで表される．$f(y_t|\boldsymbol{y}_{t-1}; \boldsymbol{\theta})$ は，(3.21), (3.22) 式によって計算される ν_t, F_t を使って次のように表すことができる．

$$f(y_t|\boldsymbol{y}_{t-1}; \boldsymbol{\theta}) = \frac{1}{\sqrt{2\pi F_t}} \exp\left(-\frac{\nu_t^2}{2F_t}\right) \quad (3.24)$$

そこで，これを (3.23) 式に代入することにより，尤度を計算できる．

u_t, η_t のどちらかまたは両方が正規分布に従わない場合には，(3.24) 式は正しい密度ではない．にもかかわらず，(3.24) 式を使って尤度を評価し，それを最大化

するパラメータの値を推定値とする方法を疑似最尤法（quasi-maximum likelihood estimation；QMLE）とよぶ．ただし，Dunsmuir [1979], Ljung/Caines [1979] らは，疑似最尤推定量が一致性を満たすことと漸近的に正規分布に従うことを示している．

3.4.4 平　滑　化

カルマン・フィルタを実行すると，
$$x_{t|t-1}, x_{t|t}, \quad t = 1, 2, \ldots, T$$
を求めることができる．これらは，それぞれ，$t-1$ 期の情報または t 期の情報に基づく x_t の推定値である．本項で説明する平滑化（smoothing）のアルゴリズムを使えば，さらに，すべての標本 $\boldsymbol{y}_T$ が与えられたときの x_t の推定値を計算することができる．

まず最初に T 期の情報に基づく x_t と x_{t+1} の同時条件付き密度 $f(x_t, x_{t+1}|\boldsymbol{y}_T)$ を考えよう．それは次のように表すことができる[*8]．

$$\begin{aligned}
f(x_t, x_{t+1}|\boldsymbol{y}_T) &= f(x_{t+1}|\boldsymbol{y}_T) f(x_t|x_{t+1}, \boldsymbol{y}_T) \\
&= f(x_{t+1}|\boldsymbol{y}_T) f(x_t|x_{t+1}, \boldsymbol{y}_t) \\
&= \frac{f(x_{t+1}|\boldsymbol{y}_T) f(x_t, x_{t+1}|\boldsymbol{y}_t)}{f(x_{t+1}|\boldsymbol{y}_t)} \\
&= \frac{f(x_{t+1}|\boldsymbol{y}_T) f(x_{t+1}|x_t, \boldsymbol{y}_t) f(x_t|\boldsymbol{y}_t)}{f(x_{t+1}|\boldsymbol{y}_t)} \\
&= \frac{f(x_{t+1}|\boldsymbol{y}_T) f(x_{t+1}|x_t) f(x_t|\boldsymbol{y}_t)}{f(x_{t+1}|\boldsymbol{y}_t)} \quad (3.25)
\end{aligned}$$

この同時密度を x_{t+1} に関して積分すると，次式が得られる．

$$\begin{aligned}
f(x_t|\boldsymbol{y}_T) &= \int_{-\infty}^{\infty} f(x_t, x_{t+1}|\boldsymbol{y}_T) dx_{t+1} \\
&= f(x_t|\boldsymbol{y}_t) \int_{-\infty}^{\infty} \frac{f(x_{t+1}|\boldsymbol{y}_T) f(x_{t+1}|x_t)}{f(x_{t+1}|\boldsymbol{y}_t)} dx_{t+1} \quad (3.26)
\end{aligned}$$

この式に現れる積分も一般的には解析的に解くことができない．唯一の例外が

[*8] x_{t+1} と $\boldsymbol{y}_t$ が与えられると，t 期以降の観測値は x_t に関してなんら追加的な情報はもたらさないことに注意．

やはり u_t, η_t が正規分布に従う場合である．その場合には，$f(x_t|\bm{y}_T)$ の平均と分散を $x_{t|T}, P_{t|T}$ とすると，(3.26) 式は次のように表される．

$$x_{t|T} = x_{t|t} + P_t^*(x_{t+1|T} - x_{t+1|t}) \tag{3.27}$$

$$P_{t|T} = P_{t|t} + P_t^{*2}(P_{t+1|T} - P_{t+1|t}) \tag{3.28}$$

ただし，

$$P_t^* = \phi \frac{P_{t|t}}{P_{t+1|t}} \tag{3.29}$$

である．カルマン・フィルタを実行すると，

$$x_{t|t-1},\ P_{t|t-1},\ x_{t|t},\ P_{t|t},\quad t = 1, 2, \ldots, T$$

が得られるが，(3.27)–(3.29) 式は，これらの値を使って，T 期からスタートし，時間に逆行して解くことができる．

3.4.5 SV モデルへの応用
a. パラメータの推定

Nelson [1988], Harvey/Ruiz/Shephard [1994] らは，上で説明した疑似最尤法を SV モデルのパラメータの推定に適用している．疑似最尤法を SV モデルのパラメータの推定に用いるためには，まず，SV モデルを (3.8), (3.1) 式からなる線形状態空間モデルに変換しなければならない．(1.25) 式の z_t が標準正規分布に従う場合，(3.8) 式の右辺の $\ln(z_t^2)$ の平均と分散はそれぞれ -1.27 と $\pi^2/2$ になる（3.7.1 項参照）．

ここで，

$$y_t \equiv \ln(\epsilon_t^2), \quad x_t \equiv \ln(\sigma_t^2)$$
$$u_t \equiv \ln(z_t^2) - \mathrm{E}[\ln(z_t^2)] = \ln(z_t^2) + 1.27$$

と定義すると，(3.8), (3.1) 式はそれぞれ次のように表される．

$$y_t = -1.27 + x_t + u_t \tag{3.30}$$

$$x_t = \omega + \phi x_{t-1} + \eta_t \tag{3.31}$$

これは，(3.10), (3.11) 式で与えられる線形状態空間モデルにおいて，$a = -1.27$, $b = 1$ としたものにほかならない．また，$u_t (\equiv \ln(z_t^2) + 1.27)$ の分散 σ_u^2 は $\pi^2/2$ で既知なので，未知のパラメータは $\omega, \phi, \sigma_\eta^2$ だけである．そこで，これ

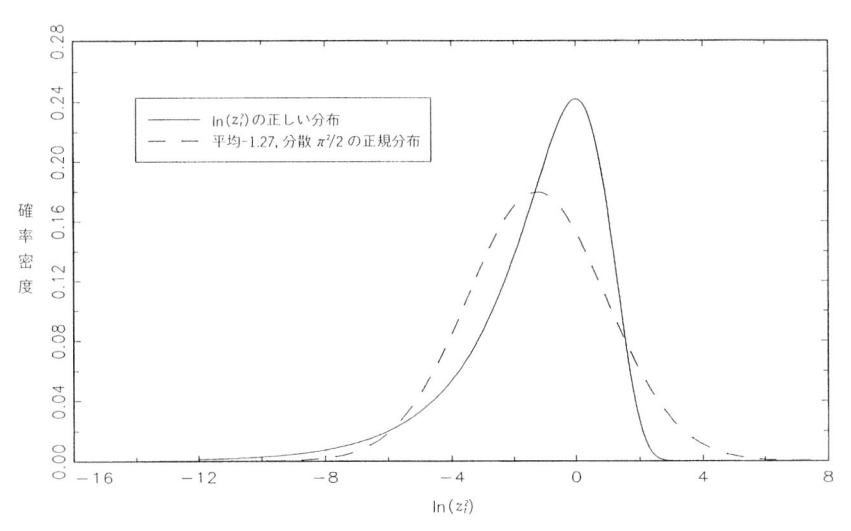

図 3.1　$\ln(z_t^2)$ の正しい分布と正規近似した分布

らのパラメータになんらかの値を与えてやり,さらに

$$a = -1.27, \quad b = 1, \quad \sigma_u^2 = \frac{\pi^2}{2}$$

としてカルマン・フィルタ (3.17)–(3.22) 式を実行すると,(3.23),(3.24) 式から尤度を計算できる.ただし,このようにして計算される尤度は u_t, η_t がどちらも正規分布に従っている場合の尤度である.ここでは,u_t の分布が正規分布ではないので,それは正しい尤度ではなく,疑似尤度ということになる.この疑似尤度を最大化する $(\omega, \phi, \sigma_\eta^2)$ の値をそれらの推定値としようというのが,Nelson [1988],Harvey/Ruiz/Shephard [1994] らの提案した疑似最尤法 (QMLE) である.

　この方法の長所は,推定にそれほど時間がかからないという点である.しかし,その一方で,問題点もいくつかある.まず,QMLE は正しい尤度に基づいた方法ではないということに注意しよう.$\ln(z_t^2)$ の分布の形状が平均 -1.27,分散 $\pi^2/2$ の正規分布とさほど変わらなければ,この方法はそれほど問題ないかもしれない.図 3.1 は,$\ln(z_t^2)$ の確率密度関数と,平均 -1.27,分散 $\pi^2/2$ の正規分布の確率密度関数をそれぞれ描いたものである($\ln(z_t^2)$ の確率密度関数の導出については,3.7.2 項を参照のこと).それによると,この 2 つの確

率密度関数の違いは明らかである．$\ln(z_t^2)$ の確率密度関数は左右対称ではなく，左側の裾が厚くなっている．そのため，$\ln(z_t^2)$ の分布を正規分布で近似する QMLE は，推定値の効率性が低い（ばらつきが大きい）ことがわかっている（Jacquier/Polson/Rossi [1994]，Watanabe [1997b,1999] 参照）[*9)]．また，$\epsilon_t = 0$ であった場合に $\ln(\epsilon_t^2) = -\infty$ となってしまい，計算できないという問題点もある[*10)]．

最後に，この方法を使うためにはまずモデルを線形状態空間モデルに変換しなければならない．(1.25)，(3.1) 式からなる単純な SV モデルの場合，そうした線形状態空間モデルへの変換が可能であったが，例えば，3.6 節で説明する資産価格と取引高の動学的 2 変量分布混合（DBM）モデルは，線形状態空間モデルへ変換することができない．そうしたモデルには，QMLE を適用することができない[*11)]．

b. ボラティリティの推定

推定されたパラメータの値の下で，ボラティリティ σ_t^2 の推定を行うには次のような方法が考えられる．カルマン・フィルタを実行すれば，

$$x_{t|t-1},\ P_{t|t-1},\ x_{t|t},\ P_{t|t},\quad t=1,2,\ldots,T$$

が得られる．さらに，平滑化を行えば，

$$x_{t|T},\ P_{t|T},\quad t=1,2,\ldots,T$$

が得られる．ここで，T 期までの情報に基づく x_t の条件付き分布が平均 $x_{t|T}$，分散 $P_{t|T}$ の正規分布に従うとすると，T 期までの情報に基づく σ_t^2 の条件付き期待値は，

$$\sigma_{t|T}^2 = \exp\left(x_{t|T} + \frac{1}{2}P_{t|T}\right) \tag{3.32}$$

となるので，この式を使って，x_t の推定値を σ_t^2 の推定値に変換すればよい．

しかし，この方法には 2 つの問題点がある．1 つは，u_t の分布が正規分布で

[*9)] Watanabe [1997b], Kim/Shephard/Chib [1998], Mahieu/Schotman [1998] らは $\ln(z_t^2)$ の分布を混合正規分布によって近似する方法を提案している．
[*10)] こうした問題への対処法については Breidt/Carriquiry [1996] を参照のこと．
[*11)] これら問題点のうち，効率性以外の問題点は，QMLE だけでなく線形状態空間モデルへの変換を必要とする推定法すべてに当てはまる．

ないため，$x_{t|T}$ は最小分散線形不偏推定量ではあるが，最小分散不偏推定量ではないということである．すなわち，非線形推定量も考えれば，もっと分散の小さい不偏推定量が存在する．もう1つは，(3.32) 式は，T 期までの情報に基づく x_t の条件付き分布が正規分布である場合に成り立つということである．しかし，実際には，u_t の分布が正規分布でないため，T 期までの情報に基づく x_t の条件付き分布は正規分布ではない．そこで，(3.32) 式を使って σ_t^2 の推定値を計算するとバイアスが生じる可能性がある．

3.5　マルコフ連鎖モンテカルロ法によるベイズ推定

本節では，マルコフ連鎖モンテカルロ (Markov-chain Monte Carlo; MCMC) 法とよばれるテクニックを使った SV モデルのベイズ推定法を紹介する．MCMC 法に基づくベイズ推定法は，欧米ではいま最も注目されている計量手法であるといっても過言ではない[*12]．この手法を最初に SV モデルの推定に応用したのは，Jacquier/Polson/Rossi [1994] である．その後，Shephard/Pitt [1997]，Kim/Shephard/Chib [1998]，Mahieu/Schotman [1998] らによって改良が加えられてきた．しかし，残念なことに，日本ではこうした手法はまだあまりポピュラーになっていない．

　そこで，本節は，ベイズ推定および MCMC 法についての簡単な解説から始めることにする．ベイズ推定法の入門としては，鈴木・国友 [1989, 序章]，畠中 [1996, 第 7 章]，Hamilton [1994b, Chapter 12] などがコンパクトにまとまっており，読みやすいであろう．本節のベイズ推定に関する説明は，畠中 [1996, 第 7 章] に負うところが多い．ベイズ推定法についてより深く勉強したい人は，Zellner [1971]，Box/Tiao [1973] などを読まれるとよい．MCMC 法について解説した文献には，大森 [1996]，Casella/George [1992]，Chib/Greenberg [1995, 1996]，Carlin/Louis [1996,

---

[*12] 計量経済学の専門誌である *Biometrika*, *Journal of Econometrics*, *Journal of Business & Economic Statistics* 等では，この手法に関する論文が毎回のように掲載されている．また，最近では，金融工学の専門誌である *Review of Financial Studies*, *Journal of Finance* 等でも，この手法を用いた実証研究が多くみられるようになってきた．

Chapter 5.4], Gilks/Richardson/Spiegelhalter [1996], Tanner [1996, Chapter 6], Gamerman [1997], Geweke [1997], Bauwens/Lubrano/Richard [1999], Robert/Casella [1999], Chen/Shao/Ibrahim [2000] などがある.

本節で解説するのは，SV モデルの推定への応用であるが，その他の分野でもこうした手法が徐々に応用されるようになってきている．金融工学の分野に限ると，例えば，Gordon/Samson/Carmichael [1996] は消費に基づく資本資産価格モデル（C-CAPM）[*13]の分析に，Kandel/McCulloch/Stambaugh [1995], Geweke/Zhou [1996] らはアセット・プライシング・モデルの評価に，Lamoureux/Zhou [1996] は株価のショックを恒常的（permanent）な部分と一時的（transitory）な部分とに分割するのに応用している．また，ARCH 型モデルの推定に応用したものに，Bauwens/Lubrano [1998], Nakatsuma [2000] がある．

3.5.1 ベイズ推定

未知のパラメータ θ をベイズ推定する場合には，まず，θ の事前分布（prior distribution）$f(\theta)$ を設定する必要がある．事前分布とは，データを観測する前にその研究者が頭に描く θ の主観的な分布のことである．ある研究者がデータを観測する前に θ は平均 0.8，分散 0.04 の正規分布に従っていると考えるなら，これがその研究者のパラメータ θ に関する事前分布となる．しかし，いきなり，パラメータに関して自分の考える事前分布を設定せよといわれても，多くの人は困ってしまうであろう．通常どのようにして事前分布を設定するかについては次項で説明する．ここでは，取りあえず，なんらかの事前分布が設定されたものとして話を進める．

事前分布 $f(\theta)$ が設定され，さらに，データ y が観測されたら，ベイズの定理[*14]

[*13] C-CAPM については，例えば，羽森 [1996] を参照のこと．

[*14] $f(\theta|y) = f(\theta, y)/f(y)$ の分子と分母を，それぞれ，

$$f(\theta, y) = f(y|\theta)f(\theta), \quad f(y) = \int f(y, \theta)d\theta = \int f(y|\theta)f(\theta)d\theta$$

によって書き換えると，(3.33) 式が得られる．

$$f(\theta|\boldsymbol{y}) = \frac{f(\boldsymbol{y}|\theta)f(\theta)}{\int f(\boldsymbol{y}|\theta)f(\theta)d\theta} \quad (3.33)$$

を使って，データ y が与えられた下での条件付き分布 $f(\theta|\boldsymbol{y})$ を計算する．この条件付き分布 $f(\theta|\boldsymbol{y})$ は事後分布（posterior distribution）とよばれる．この事後分布を使って θ の性質を推論するのがベイズ推定である．例えば，θ の値を点推定したい場合には，事後分布 $f(\theta|\boldsymbol{y})$ の平均

$$\int \theta f(\theta|\boldsymbol{y})d\theta$$

を計算すればよい．

3.5.2 事前分布

a. 自然共役な事前分布

例として，通常の重回帰モデル

$$\boldsymbol{y} = \boldsymbol{X}\boldsymbol{\beta} + \boldsymbol{u} \quad (3.34)$$

を考えよう．ここで，

$$\boldsymbol{y} = (y_1, \ldots, y_n)'$$

は被説明変数からなる $(n \times 1)$ のベクトルを，

$$\boldsymbol{\beta} = (\beta_1, \ldots, \beta_k)'$$

は $(k \times 1)$ の回帰係数ベクトルを表し，

$$\boldsymbol{X} = \begin{bmatrix} x_{11} & x_{12} & \cdots & x_{1k} \\ \vdots & \vdots & & \vdots \\ x_{n1} & x_{n2} & \cdots & x_{nk} \end{bmatrix}$$

は説明変数で構成される $(n \times k)$ 行列を表す．また，

$$\boldsymbol{u} = (u_1, \ldots, u_n)'$$

は $(n \times 1)$ の誤差ベクトルを表し，$(u_1, \ldots, u_n)$ は互いに独立で，すべて平均ゼロ，分散 σ^2 の正規分布に従うものとする．

推定すべきパラメータ $\boldsymbol{\beta}', \sigma^2$ の事前分布は次のように設定されることが多い．まず，σ^2 に関しては，その逆数 $h = 1/\sigma^2$ がパラメータ (s^2, ν) のガンマ分布に従うと仮定したうえで，パラメータ (s^2, ν) の値を選択する．h は精度

(precision) とよばれ，このように逆数がガンマ分布に従うとき，もとの σ^2 は逆ガンマ分布に従うという．$(s^2, \nu) = (s^{*2}, \nu^*)$ が選択されたとすると，h の事前分布 $f(h)$ は次のように表される[*15]．

$$f(h) \propto h^{\frac{\nu^*}{2}-1} \exp\left(-\frac{\nu^*}{2}s^{*2}h\right), \quad h > 0 \tag{3.35}$$

また，その平均および分散は，それぞれ，

$$\mathrm{E}(h) = \frac{1}{s^{*2}}, \quad \mathrm{Var}(h) = \frac{2}{\nu^* s^{*4}} \tag{3.36}$$

となる．そこで，パラメータ (s^2, ν^2) を選択する際には，その研究者が考える h の平均と分散をそれぞれ (3.36) 式の $\mathrm{E}(h), \mathrm{Var}(h)$ に代入し，それに対応する s^2, ν の値を逆算してやればよい．

次に，$\boldsymbol{\beta}$ に関しては，h を与えたときの条件付き分布 $f(\boldsymbol{\beta}|h)$ が k 次元正規分布であるものとし，その平均と分散共分散行列の値を選択する．選択された平均を $\boldsymbol{\beta}^*$，分散共分散行列の逆行列（これを精度行列 (precision matrix) とよぶ）を $h\boldsymbol{N}^*$ とすると，$f(\boldsymbol{\beta}|h)$ は次のように表される[*16]．

$$f(\boldsymbol{\beta}'|h) \propto h^{k/2} \exp\left(-\frac{h}{2}(\boldsymbol{\beta}-\boldsymbol{\beta}^*)'\boldsymbol{N}^*(\boldsymbol{\beta}-\boldsymbol{\beta}^*)\right) \tag{3.37}$$

(3.35), (3.37) 式より，$\boldsymbol{\theta}' = (\boldsymbol{\beta}', h)$ の事前分布は，

$$\begin{aligned}
f(\boldsymbol{\theta}) &= f(\boldsymbol{\beta}'|h)f(h) \\
&\propto h^{\frac{\nu^*}{2}-1} \exp\left(-\frac{\nu^*}{2}s^{*2}h\right) \\
&\quad \times h^{k/2} \exp\left(-\frac{h}{2}(\boldsymbol{\beta}-\boldsymbol{\beta}^*)'\boldsymbol{N}^*(\boldsymbol{\beta}-\boldsymbol{\beta}^*)\right)
\end{aligned} \tag{3.38}$$

となり，これをノーマル・ガンマの事前分布という．

[*15] 正確には，

$$f(h) = \frac{(\nu^* s^* 2/2)^{\nu^*/2}}{\Gamma(\nu^*/2)} h^{\frac{\nu^*}{2}-1} \exp\left(-\frac{\nu^*}{2}s^{*2}h\right), \quad h > 0$$

である（$\Gamma(\cdot)$ はガンマ関数を表す）が，$\frac{(\nu^* s^{*2}/2)^{\nu^*/2}}{\Gamma(\nu^*/2)}$ は，h に依存しない単なる比例定数なので，通常，省略される．

[*16] 正確には，

$$f(\boldsymbol{\beta}'|h) = (2\pi)^{-k/2}|\boldsymbol{N}^*|^{k/2}h^{k/2}\exp\left(-\frac{h}{2}(\boldsymbol{\beta}-\boldsymbol{\beta}^*)'\boldsymbol{N}^*(\boldsymbol{\beta}-\boldsymbol{\beta}^*)\right)$$

であるが，$(2\pi)^{-k/2}|\boldsymbol{N}^*|^{-1/2}$ は，$\boldsymbol{\beta}, h$ に依存しない単なる比例定数なので，省略される．

この事前分布をベイズの定理に代入して計算すると，次のような事後分布が得られる（導出は，畠中 [1996, p.277] を参照のこと）．

$$f(\boldsymbol{\theta}|\boldsymbol{y})$$
$$\propto h^{\frac{\nu^*+n}{2}-1} \exp\left[-\left(\frac{\nu^*+n}{2}\right)\left(\frac{g+\nu^* s^{*2}}{\nu^*+n}\right)h\right]$$
$$\times h^{k/2} \exp\left[-\frac{h}{2}(\boldsymbol{\beta}-\boldsymbol{M}^{-1}\tilde{\boldsymbol{\beta}})'\boldsymbol{M}(\boldsymbol{\beta}-\boldsymbol{M}^{-1}\tilde{\boldsymbol{\beta}})\right] \quad (3.39)$$

ただし，$\boldsymbol{\beta}$ の最小 2 乗推定量を $\boldsymbol{b}$ とすると，

$$\boldsymbol{e}=\boldsymbol{y}-\boldsymbol{X}\boldsymbol{b}, \quad \boldsymbol{M}=\boldsymbol{N}^*+\boldsymbol{X}'\boldsymbol{X}, \quad \tilde{\boldsymbol{\beta}}=\boldsymbol{N}^*\boldsymbol{\beta}+\boldsymbol{X}'\boldsymbol{X}\boldsymbol{b}$$
$$g=\boldsymbol{e}'\boldsymbol{e}+\boldsymbol{b}'\boldsymbol{X}'\boldsymbol{X}\boldsymbol{b}+\boldsymbol{\beta}^{*'}\boldsymbol{N}^*\boldsymbol{\beta}^*-\tilde{\boldsymbol{\beta}}'\boldsymbol{M}^{-1}\tilde{\boldsymbol{\beta}}$$

である．

ここで，事前分布 (3.38) と事後分布 (3.39) を比べてみると，事前分布のパラメータ $(\nu^*, s^{*2}, \boldsymbol{\beta}^*, \boldsymbol{N}^*)$ が，事後分布では，

$$\left(\nu^*+n, \frac{\nu^* s^{*2}+g}{\nu^*+n}, \boldsymbol{M}^{-1}\tilde{\boldsymbol{\beta}}, \boldsymbol{M}\right)$$

に変わっただけであることがわかる．このことから，h の事後分布はパラメータ

$$\left(\frac{\nu^* s^{*2}+g}{\nu^*+n}, \nu^*+n\right)$$

のガンマ分布であり，h が与えられたときの $\boldsymbol{\beta}$ の事後分布は，平均が $\boldsymbol{M}^{-1}\tilde{\boldsymbol{\beta}}$ で精度行列（分散共分散行列の逆行列）が $h\boldsymbol{M}$ の正規分布であることがわかる．すなわち，ノーマル・ガンマの事前分布の下では，事後分布もノーマル・ガンマ分布になるのである．このように事前分布と事後分布の分布型が同じになる事前分布のことを自然共役（natural conjugate）な事前分布という．

パラメータ

$$\left(\frac{\nu^* s^{*2}+g}{\nu^*+n}, \nu^*+n\right)$$

のガンマ分布の平均は，(3.36) 式より，

$$\frac{\nu^*+n}{\nu^* s^{*2}+g} \quad (3.40)$$

となり，これが h の事後平均である．β の事後平均は，まず，事後分布 (3.39) を h で積分することにより β の周辺事後分布 $f(\beta|y)$ を求めたうえで，その平均を計算すれば，以下のように求まる（途中の計算は，畠中 [1996, pp.278–279] を参照のこと）．

$$(N^* + X'X)^{-1}(N^*\beta^* + X'Xb) \tag{3.41}$$

b. Noninformative な事前分布

もう 1 つのよく用いられる事前分布は，Jeffreys [1961] によって提案された noninformative な事前分布である．これは，データを観測するまでは，パラメータの値に関してまったく情報がない状況を想定したものである．先の重回帰モデルの $\beta = (\beta_1, \ldots, \beta_k)'$ については，$[-\infty, \infty]$ のどの値をとるかまったくわからない，すなわち，この区間で一様分布しているものとする．

$$f(\beta_i) \propto c, \quad i = 1, \ldots, k \tag{3.42}$$

ただし，c は正の定数を表す．

σ に関しては，正の値をとることはわかっているので，対数をとった $\ln \sigma$ が $[-\infty, \infty]$ の区間で一様分布すると考える．そうすると，σ の事前分布は，

$$f(\sigma) \propto \left| \frac{d \ln(\sigma)}{d\sigma} \right| = \frac{1}{\sigma} \tag{3.43}$$

と表せる．

実は，先のノーマル・ガンマの事前分布において $\nu^* = 0, N^* = 0$ とすると，noninformative な事前分布になる．そこで，noninformative な事前分布の下での事後分布を求めるためには，(3.39) 式において，$\nu^* = 0, N^* = 0$ としてやればよい．また，(3.40), (3.41) 式に，$\nu^* = 0, N^* = 0$ を代入すると，noninformative な事前分布の下での事後平均

$$\mathrm{E}(h|y) = \frac{n}{e'e} \tag{3.44}$$

$$\mathrm{E}[\beta|y] = (XX')^{-1}(X'Xb) = b \tag{3.45}$$

が得られる．(3.44), (3.45) 式から，noninformative な事前分布の下では，h の事後平均 $\mathrm{E}(h|y)$ は最小 2 乗残差の標本分散の逆数になり，β の事後平均 $\mathrm{E}(\beta|y)$ は最小 2 乗推定量になることがわかる．

3.5.3 確率変数のサンプリング

以上,簡単な正規回帰モデルを例にとって話をしたが,実は,もう少し複雑なモデルになると,ベイズの定理を使って事後分布を解析的に求めることが不可能になってしまうことが多い.ここで,ベイズの定理 (3.33) の右辺に現れる $f(y|\theta)$ が尤度であることに注意しよう.SV モデルでは尤度の評価が困難であることは何度も述べたとおりである.尤度の評価が困難である以上,ベイズの定理を使って事後分布を求めるのも困難である.

それでは,SV モデルのパラメータをベイズ推定することもできないかというとそうではない.確かに,ベイズの定理を使って事後分布を求めるというのはできないが,事後分布がわからなくてもそこからサンプリングを行うことは可能なのである.事後分布からサンプリングすることが可能であれば,サンプリングされた値を使って事後分布の性質を推論することができる.わからない分布からサンプリングする,そんな魔法のような話を可能にしてくれるのが,マルコフ連鎖モンテカルロ(MCMC)法である.MCMC 法とは,「マルコフ連鎖」という名前からわかるように,1 回前にサンプリングされた値に依存させて次の値をサンプリングを行う方法の総称である.

統計学で習うように,サンプリングはできることなら過去の値に依存させずランダムに行うのが望ましい.例えば,前節で出てきた正規分布やガンマ分布のようによく知られた分布であれば,ランダム・サンプリングを行うのは簡単である(詳しくは,Devroye [1986], Ripley[1987] 等を参照のこと).また,そうでなくても,以下で説明する受容・棄却法を使えば,ランダム・サンプリングが可能になることは少なくない.しかし,どのようにしてもランダム・サンプリングが不可能なこともある.事後分布が解析的に求まらないにもかかわらず,そこからサンプリングを行いたいというのはまさにその代表的なケースである.そういった場合でも,MCMC 法を使えば,ランダムではないものの,サンプリングを行うことができるのである.

以下では,MCMC 法について説明する前に,まず,ランダム・サンプリングを行うための手法である受容・棄却法について説明する.その後で,MCMC 法について解説を行う.

a. 受容・棄却法

いま，確率密度関数 $f(x)$ をもつ分布からサンプリングを行いたいが，直接 $f(x)$ からはサンプリングできないものとしよう．そういう場合によく使われるテクニックの1つに，受容・棄却（acceptance/rejection；A-R）法がある．直接サンプリングできないわけだから，取りあえず，直接サンプリングできるような別の確率密度関数 $g(x)$ で $f(x)$ を近似し，そこからサンプリングするしかない．この $g(x)$ のことを提案密度関数（proposal density function）とよぶ．しかし，$g(x)$ からサンプリングされた値をそのまま無条件に採択したのでは，$f(x)$ からサンプリングしたことにならない．そこで，$g(x)$ からサンプリングされた値を，ある確率では採択するものの，残りの確率では棄却してサンプリングをやり直そうというのが A-R 法である．

この方法を使うためには，$g(x)$ を選択する際，単に $f(x)$ をよく近似していて，かつ，直接そこからサンプリングが可能というだけでなく，ある正の定数 c の下では，x のとりうるすべての値で $f(x) \leq cg(x)$ が成り立つような密度関数を選択しなければならない．$f(x) \leq cg(x)$ が成り立っているなら，$0 \leq f(x)/\{cg(x)\} \leq 1$ となるので，$f(x)/\{cg(x)\}$ を確率とすることができる．A-R 法では，$g(x)$ からサンプリングされた値を，$f(x)/\{cg(x)\}$ の確率で採択し，残り $1 - f(x)/\{cg(x)\}$ の確率で棄却する．もし棄却されたら，再度，$g(x)$ からサンプリングを行い，それをやはり $f(x)/\{cg(x)\}$ の確率で採択し，$1 - f(x)/\{cg(x)\}$ の確率で棄却する．これを，採択されるまで繰り返すのである．

このようにサンプリングを行うと，$f(x)$ からサンプリングを行ったのと同じになることが知られている（証明は，Ripley [1987] を参照のこと）．直観的に説明すると，$g(x)$ からサンプリングした場合，$g(x)$ が $f(x)$ に対して高い（低い）領域の値がサンプリングされる確率が $f(x)$ からサンプリングした場合に比べて高く（低く）なってしまうので，採択する確率を $f(x)/\{cg(x)\}$ とすることにより，そうした領域では，採択される確率を低く（高く）しようというわけである．

ここで，A-R 法をいま一度まとめておこう．

1) ある正の定数 c の下では，x のとりうるすべての値で $f(x) \leq cg(x)$ が

成り立ち，かつ直接サンプリングが可能な提案密度関数 $g(x)$ を選択する．
2) $g(\cdot)$ からサンプリングを行う．
3) 2) でサンプリングされた値 x を，$f(x)/\{cg(x)\}$ の確率で採択し，$1 - f(x)/\{cg(x)\}$ の確率で棄却する．採択されたら，そこで終了．棄却された場合には，2) に戻る．

3) において，確率 $f(x)/\{cg(x)\}$ で採択し，確率 $1 - f(x)/\{cg(x)\}$ で棄却するためには，まず，$[0,1]$ の一様分布からサンプリングを行い，得られた値 u が，$u \leq f(x)/\{cg(x)\}$ であれば採択し，$u > f(x)/\{cg(x)\}$ であれば棄却すればよい．

この方法は，採択されないかぎり，2) と 3) を何度も繰り返さなければならないので，採択確率 $f(x)/\{cg(x)\}$ が低いと，サンプリングに非常に時間がかかってしまう．そこで，効率的にサンプリングを行うためには，$f(x)/\{cg(x)\}$ が低くなりすぎないよう注意して $g(x)$ と c を選ぶ必要がある．特に，$g(x)$ のモードの近辺で，$f(x)/\{cg(x)\}$ ができるだけ 1 に近くなるようにすべきである．

b. マルコフ連鎖モンテカルロ法

A-R 法によるサンプリングは過去にサンプリングされた値には依存しないので，ランダム・サンプリングである．これに対して，マルコフ連鎖モンテカルロ（MCMC）法では，1 回前にサンプリングされた値を使って次のサンプリングを行う．代表的な MCMC 法には，Gibbs sampler と Metropolis-Hastings アルゴリズムがある．以下，それらについて解説を行う．

Gibbs sampler

いま，$(\theta_1, \theta_2, \theta_3)$ という 3 つのパラメータ（$(\theta_1, \theta_2, \theta_3)$ はそれぞれベクトルであっても構わない）をその同時密度 $f(\theta_1, \theta_2, \theta_3)$ からサンプリングしたいが，$f(\theta_1, \theta_2, \theta_3)$ からは直接サンプリングすることができないものとしよう．その代わり，$f(\theta_1|\theta_2, \theta_3)$，$f(\theta_2|\theta_3, \theta_1)$，$f(\theta_3|\theta_1, \theta_2)$ といった条件付き密度からはサンプリングできるものとする．このような場合に使われるのが Gibbs sampler である．

適当な初期値 $\theta_2^{(0)}, \theta_3^{(0)}$ の下で，まず，$f(\theta_1|\theta_2^{(0)}, \theta_3^{(0)})$ からサンプリングを行い，得られた値を $\theta_1^{(1)}$ とする．次に，$f(\theta_2|\theta_3^{(0)}, \theta_1^{(1)})$ からサンプリングを行

い，得られた値を $\theta_2^{(1)}$ とする．さらに，$f(\theta_3|\theta_1^{(1)}, \theta_2^{(1)})$ からサンプリングを行い，得られた値を $\theta_3^{(1)}$ とする．

以上を第 1 ループとよび，そこで得られた $(\theta_2^{(1)}, \theta_3^{(1)})$ を使って第 2 ループを始める．まず，$f(\theta_1|\theta_2^{(1)}, \theta_3^{(1)})$ からサンプリングを行い，得られた値を $\theta_1^{(2)}$ とする．次に，$f(\theta_2|\theta_3^{(1)}, \theta_1^{(2)})$ からサンプリングを行い，得られた値を $\theta_2^{(2)}$ とする．さらに，$f(\theta_3|\theta_1^{(2)}, \theta_2^{(2)})$ からサンプリングを行い，得られた値を $\theta_3^{(2)}$ とする．

以上のループを繰り返すと，第 n ループでは，$(\theta_1^{(n)}, \theta_2^{(n)}, \theta_3^{(n)})$ が得られるが，$n \to \infty$ とすると，$(\theta_1^{(n)}, \theta_2^{(n)}, \theta_3^{(n)})$ は同時密度 $f(\theta_1, \theta_2, \theta_3)$ からサンプリングされた確率変数に分布収束することが知られている．したがって，$(\theta_1^{(n)}, \theta_2^{(n)}, \theta_3^{(n)})$ は，n が十分大きければ，同時密度 $f(\theta_1, \theta_2, \theta_3)$ からサンプリングされた値であると考えてよいことになる．

そこで，上のループを十分大きな回数（M 回）繰り返した後，さらに N 回のループを行って得られる $\{(\theta_1^{(M+1)}, \theta_2^{(M+1)}, \theta_3^{(M+1)}), \ldots, (\theta_1^{(M+N)}, \theta_2^{(M+N)}, \theta_3^{(M+N)})\}$ を，同時密度 $f(\theta_1, \theta_2, \theta_3)$ からサンプリングされたものと考え，それらを用いて $(\theta_1, \theta_2, \theta_3)$ の推定を行えばよい．例えば，θ_1 の平均は，標本平均

$$\frac{1}{N} \sum_{i=M+1}^{M+N} \theta_1^{(i)}$$

として推定すればよい．

Metropolis-Hastings アルゴリズム

やはり，確率密度 $f(\cdot)$ からサンプリングを行いたいが，そこから直接サンプリングすることが難しいとしよう．Metropolis-Hastings アルゴリズム（以下，M-H 法とよぶ）では，A-R 法と同様，直接サンプリングを行えるような提案密度関数を選択する．A-R 法では，ある正の定数 c の下で，x のとりうるすべての値において $f(x) \leq cg(x)$ が成り立つ必要があった．M-H 法ではこうした制約は必要ない．y のとりうるすべての値で $f(x) \leq cg(x)$ を満たすような正の定数 c が存在し，かつ，サンプリングを効率的に行うために，$f(x)/\{cg(x)\}$ ができるだけ 1 に近くなるように $g(x)$ と c を選ぶというのは多くの場合難しい．M-H 法では，$f(x) \leq cg(x)$ を満たさない x の値があってもよいので，そ

うした場合でもサンプリングが可能になる.

M-H法とは具体的には次のようなアルゴリズムであり,このアルゴリズムを実行すると, $f(\cdot)$ から N 個の値 $\{X_1, X_2, \ldots, X_N\}$ をサンプリングできる.

1) $n = 1$ とする.
2) $n = 1$ であれば,適当な初期値を x とする. $n \geq 2$ であれば, $x = X_{n-1}$ とする.
3) $g(y)$ から y をサンプリングし,それを X_n の候補とする.
4)
$$\alpha(x, y) = \min\left[\frac{f(y)g(x)}{f(x)g(y)}, 1\right]$$

を計算する.

5) 3) で得られた y を確率 $\alpha(x, y)$ で採択し,確率 $1 - \alpha(x, y)$ で棄却する.採択された場合は $X_n = y$ とし,棄却された場合は $X_n = x$ とする.
6) $n < N$ であれば, $n = n+1$ として2)に戻る. $n = N$ であれば,終了.

A-R法では,候補が棄却された場合に,もう一度サンプリングを行うのに対して,M-H法では,1回前のサンプリングで抽出された値を再度選ぶという点に注意しよう.そのため,M-H法では,頻繁に棄却されるようだと,同じ値が続けて何度もサンプリングされてしまうことになる.

提案密度関数 $g(y, x)$ を具体的にどのように選んだらよいかについては,いくつかの方法が提案されている (Chib/Greenberg [1995] 参照).そうした方法の1つに,Tierney [1994] によって提案された,候補をサンプリングする際にA-R法を用いるという方法 (以下,M-H/A-R法とよぶ) がある.この方法は,SVモデルの推定で使うので,簡単にまとめておくことにする (詳しくは,Tierney [1994], Chib/Greenberg [1995] を参照のこと).この方法は,上のM-H法のアルゴリズムの3)と4)を次のように書き換えればよい.

3′) A-R法を実行することにより y をサンプリングし,それを X_n の候補とする.A-R法では, $g(y)$ からサンプリングし,それを確率

$$\min\left[\frac{f(y)}{cg(y)},1\right]$$

で採択する.ただし,$f(y) \leq cg(y)$ を満たさない y の値があってもよい.

4′)
$$\alpha(x,y) = \begin{cases} 1, & f(x) \leq cg(x) \\ cg(x)/f(x), & f(x) > cg(x), \quad f(y) \leq cg(y) \\ \min\left[\dfrac{f(y)g(x)}{f(x)g(y)},1\right], & f(x) > cg(x), \quad f(y) > cg(y) \end{cases}$$

を計算する.

すべての値で $f(x) \leq cg(x)$ が満たされる場合には,$\alpha(x,y) = 1$ となるので,5) において候補 y は必ず採択される.したがって,この場合,M-H/A-R 法は単なる A-R 法になる.

3.5.4 SV モデルへの応用

それでは,次に,こうした MCMC 法を用いた SV モデルのベイズ推定法について説明しよう.ここでは,

$$h_t \equiv \ln(\sigma_t^2) - \frac{\mu}{1-\phi}$$

$$\sigma_r \equiv \exp\left(\frac{\mu}{2(1-\phi)}\right)$$

と定義し,(1.25),(3.1) 式からなる SV モデルを次のように書き換える[*17)].

$$\epsilon_t = \sigma_r \exp(h_t/2)z_t, \quad z_t \sim \text{i.i.d.} N(0,1) \qquad (3.46)$$

$$h_t = \phi h_{t-1} + \eta_t, \quad \eta_t \sim \text{i.i.d.} N(0,\sigma_\eta^2) \qquad (3.47)$$

そうすると,未知のパラメータは $(\phi, \sigma_\eta^2, \sigma_r^2)$ となる.

これらのパラメータをベイズ推定するためには,まず,それらの事前分布を

[*17)] こうした書換えは,Shephard/Pitt [1997],Watanabe [2000a] に従っただけであり,(1.25),(3.1) 式からなる SV モデルをそのまま使って,$(\omega, \phi, \sigma_\eta^2)$ を推定しても構わない.

設定しなければならない．ここでは，次のような noninformative な事前分布 (3.5.2 項 b 参照) を用いることにする．

$$f(\phi) \propto I[-1,1], \quad f(\sigma_\eta^2) \propto \frac{1}{\sigma_\eta^2}, \quad f(\sigma_r^2) \propto \frac{1}{\sigma_r^2} \qquad (3.48)$$

ここで，$I[-1,1]$ は，$[-1,1]$ の区間では 1，それ以外ではゼロとなる関数 (indicator function) である．すなわち，ϕ の事前分布としては，$[-1,1]$ の間の一様分布を考えている．$[-1,1]$ の区間に限定するのは，ϕ は定常性を満たしている ($|\phi|<1$) と考えるからである (Shephard/Pitt [1977], Kim/Shephard/Chib [1998], So/Li [1999] らは (3.48) とは異なる事前分布を用いているので，それらも参照していただきたい)．

Gibbs sampler を用いるなら，$(\phi, \sigma_\eta^2, \sigma_r^2)$ を事後分布 $f(\phi, \sigma_\eta^2, \beta^2 | \{\epsilon_t\}_{t=1}^T)$ からサンプリングするためには，条件付き分布

$$f(\phi | \sigma_\eta^2, \sigma_r^2, \{\epsilon_t\}_{t=1}^T)$$
$$f(\sigma_\eta^2 | \sigma_r^2, \phi, \{\epsilon_t\}_{t=1}^T)$$
$$f(\sigma_r^2 | \phi, \sigma_\eta^2, \{\epsilon_t\}_{t=1}^T)$$

から繰り返しサンプリングを行えばよいということになる．ところが，残念なことに，こうした条件付き分布はこのままでは求めることができない．しかし，条件の中に $\{h_t\}_{t=1}^T$ を含め，

$$f(\phi | \sigma_\eta^2, \sigma_r^2, \{h_t\}_{t=1}^T, \{\epsilon_t\}_{t=1}^T)$$
$$f(\sigma_\eta^2 | \sigma_r^2, \phi, \{h_t\}_{t=1}^T, \{\epsilon_t\}_{t=1}^T)$$
$$f(\sigma_r^2 | \phi, \sigma_\eta^2, \{h_t\}_{t=1}^T, \{\epsilon_t\}_{t=1}^T)$$

とすると，簡単に求めることができ，以下のようになる．

$$\phi|\cdot \sim N\left(\frac{\sum_{t=2}^T h_{t-1} h_t}{\sum_{t=2}^T h_{t-1}^2}, \frac{\sigma_\eta^2}{\sum_{t=2}^T h_{t-1} h_t}\right) I[-1,1]$$

$$\sigma_\eta^{-2}|\cdot \sim \text{Gamma}\left(\frac{T-1}{2}, \frac{2}{\sum_{t=2}^T (h_t - \phi h_{t-1})^2}\right)$$

$$\sigma_r^{-2}|\cdot \sim \text{Gamma}\left(\frac{T}{2}, \frac{2}{\sum_{t=1}^T \epsilon_t^2 \exp(-h_t)}\right)$$

$N(\mu, \sigma^2)I[a,b]$ は,平均 μ,分散 σ^2 の正規分布を区間 $[a,b]$ で切断した切断正規分布(truncated normal distribution)を表す[*18].また,$\text{Gamma}(\alpha, \beta)$ は,ガンマ分布を表す[*19].

切断正規分布 $N(\mu, \sigma^2)I[a,b]$ からサンプリングするには次の2つの方法がある.1つは,

1) 正規分布 $N(\mu, \sigma^2)$ からサンプリングする.
2) サンプリングされた値が $[a,b]$ に入っていればその値を採用して終わり,入っていなければ 1) に戻る.

という方法であり,もう1つは,

1) $[0,1]$ の一様分布からサンプリングし,得られた値を U とする.
2) $\Phi\{\cdot\}$ を標準正規分布の累積密度関数,また,$P_1 = \Phi\{(a-\mu)/\sigma\}$,$P_2 = \Phi\{(b-\mu)/\sigma\}$ とし,$\mu + \sigma\Phi^{-1}\{U(P_2 - P_1) + P_1\}$ を計算する.

という方法である.もし,前者の方法においてサンプリングされた値が $[a,b]$ に入る確率がそれほど高くないような場合には,後者の方法を使ったほうがよい.ガンマ分布からのサンプリングは容易である(詳しくは,Ripley [1987] 参照).

$(\phi, \sigma_\eta^2, \sigma_r^2)$ をこうした $\{h_t\}_{t=1}^T$ を条件に含む条件付き分布からサンプリングするなら,さらに,$\{h_t\}_{t=1}^T$ も合わせてサンプリングしなければならない.実は,この $\{h_t\}_{t=1}^T$ のサンプリングが容易ではなく,かなりの技巧を要する.そこで,次項において,$\{h_t\}_{t=1}^T$ のサンプリングについて詳しく解説することにしよう.

[*18] この切断正規分布の確率密度は,$[a,b]$ の区間では,平均 μ,分散 σ^2 の正規分布の密度を定数倍したもの,それ以外では,0 となる.定数倍するのは,密度関数を $[a,b]$ で積分したものを1にするためである.

[*19] ここでのガンマ分布のパラメータ (α, β) は,(3.35) 式の (s^{*2}, ν^*) とは異なるので注意すること.$\text{Gamma}(\alpha, \beta)$ の密度関数は,

$$f(x) = \begin{cases} \dfrac{x^{\alpha-1}e^{-x/\beta}}{\beta^\alpha \Gamma(\alpha)}, & x > 0 \\ 0, & x \leq 0 \end{cases}$$

である.ただし,$\Gamma(\alpha)$ は,ガンマ関数を表す.

a. Single-move sampler

まず最初に，h_t $(t=1,2,\ldots,T)$ を1つ1つ，条件付き密度

$$f(h_t|\boldsymbol{\theta}, \{h_s\}_{s\neq t}, \{\epsilon_t\}_{t=1}^T) \tag{3.49}$$

からサンプリングするという方法を紹介しよう．ただし，$\boldsymbol{\theta}=(\phi,\sigma_\eta^2,\sigma_r^2)$ である．この方法は single-move sampler とよばれ，MCMC ベイズ推定を最初に SV モデルの推定に応用した Jacquier/Polson/Rossi [1994] ではこの方法が用いられている．その後，Pitt/Shephard [1995]，Shephard/Pitt [1997] らによって条件付き密度 (3.49) からより効率的にサンプリングを行う方法が提案されているので，ここでは Jacquier/Polson/Rossi [1994] の方法ではなく，Pitt/Shephard [1995] を若干改良した方法を解説する．

ベイズの定理を使うと，条件付き密度 (3.49) は次のように計算できる．

$$\begin{aligned}
&f(h_t|\boldsymbol{\theta},\{h_s\}_{s\neq t},\{\epsilon_t\}_{t=1}^T)\\
&\propto f(\{\epsilon_s\}_{s=1}^T|\{h_s\}_{t=1}^T,\boldsymbol{\theta})f(h_t|\{h_s\}_{s\neq t},\boldsymbol{\theta})\\
&=\left\{\prod_{s=1}^T f(\epsilon_s|h_s,\boldsymbol{\theta})\right\}\frac{f(\{h_s\}_{t=1}^T|\boldsymbol{\theta})}{f(\{h_s\}_{s\neq t}|\boldsymbol{\theta})}\\
&\propto f(\epsilon_t|h_t,\boldsymbol{\theta})f(h_1|\boldsymbol{\theta})\prod_{s=2}^T f(h_s|h_{s-1},\boldsymbol{\theta})\\
&\propto\begin{cases} f(\epsilon_1|h_1,\boldsymbol{\theta})f(h_2|h_1,\boldsymbol{\theta})f(h_1|\boldsymbol{\theta}), & t=1\\ f(\epsilon_t|h_t,\boldsymbol{\theta})f(h_{t+1}|h_t,\boldsymbol{\theta})f(h_t|h_{t-1},\boldsymbol{\theta}), & 2\leq t\leq T-1\\ f(\epsilon_T|h_T,\boldsymbol{\theta})f(h_T|h_{T-1},\boldsymbol{\theta}), & t=T\end{cases}\\
&\propto \exp\left(-\frac{h_t}{2}\right)\exp\left(-\frac{\epsilon_t^2}{2\sigma_r^2}\exp(-h_t)\right)\exp\left(-\frac{(h_t-\mu_t)^2}{2\tilde{\sigma}_t^2}\right) \quad (3.50)
\end{aligned}$$

ここで，

$$\mu_t=\begin{cases} h_2/\phi, & t=1\\ \phi(h_{t+1}+h_{t-1})/(1+\phi^2), & 2\leq t\leq T-1\\ \phi h_T, & t=T\end{cases} \tag{3.51}$$

$$\tilde{\sigma}_t^2=\begin{cases} \sigma_\eta^2/\phi^2, & t=1\\ \sigma_\eta^2/(1+\phi^2), & 2\leq t\leq T-1\\ \sigma_\eta^2, & t=T\end{cases} \tag{3.52}$$

である[*20]．この条件付き密度関数は正規分布やガンマ分布のようなよく知られた形ではないので，直接そこからサンプリングを行うことはできない．しかし，3.5.3 項 b で説明した A-R 法を使えばサンプリングを行うことができる．A-R 法では，ある正の定数 c の下で，h_t のとり得るすべての値において

$$f(h_t|\cdot) \leq cg(h_t)$$

が成り立つように，提案密度関数 $g(h_t)$ を選択しなければならない．

$f(h_t|\cdot)$ は対数値をとると次のように表せる．

$$\ln(f(h_t|\cdot)) = 定数 - \frac{h_t}{2} - \frac{(h_t-\mu_t)^2}{2\tilde{\sigma}_t^2} - \frac{\epsilon_t^2}{2\sigma_r^2}\exp(-h_t) \qquad (3.53)$$

ここで，

$$\ln(f^*(h_t)) \equiv -\frac{h_t}{2} - \frac{(h_t-\mu_t)^2}{2\tilde{\sigma}_t^2} - \frac{\epsilon_t^2}{2\sigma_r^2}\exp(-h_t) \qquad (3.54)$$

とし，右辺の $\exp(-h_t)$ に関して h_t^* で 1 次のテーラー展開を行うと，次の不等式が得られる（テーラー展開を行う点 h_t^* の選択については以下で説明する）．

$$\begin{aligned}&\ln(f^*(h_t))\\&\leq -\frac{h_t}{2} - \frac{(h_t-\mu_t)^2}{2\tilde{\sigma}_t^2} - \frac{\epsilon_t^2}{2\sigma_r^2}\exp(-h_t^*)\{1-(h_t-h_t^*)\} = \ln(g(h_t))\end{aligned}$$

この $g(h_t)$ をある定数倍してやると，平均

$$\mu_t^* = \mu_t + \tilde{\sigma}_t^2\left[\frac{\epsilon_t^2}{2\sigma_r^2}\exp(-h_t^*) - 1\right]$$

分散 $\tilde{\sigma}_t^2$ の正規分布の密度関数になる．したがって，まず，この正規分布からサンプリングを行い，それを $f^*(h_t)/g(h_t)$ の確率で採択すればよい．

[*20] ここでは，h_1 の事前分布には一様分布を仮定し，$f(h_1|\theta) \propto c(定数)$ としている．ただし c は正の定数を表す．$|\phi|<1$ であれば，

$$h_1 \sim N\left(0, \frac{\sigma_\eta^2}{1-\phi^2}\right)$$

とすべきであるが，そうすると ϕ の条件付き分布が切断正規分布ではなくなってしまう．ϕ をサンプリングするのに 3.5.3 項で説明した M-H 法を用いなければならない（Kim/Shephard/Chib [1998]，So/Li [1999] 参照）．

残る問題は，テーラー展開を行う点 h_t^* の選択である．すでに述べたように，効率的にサンプリングを行うためには，$g(h_t)$ のモードの近辺で，$f^*(h_t)/g(h_t)$ ができるだけ 1 に近くなるようにすべきである．そのためには，ニュートン法を数回繰り返すことにより，$f^*(h_t)$ のピークにほぼ対応する h_t の値を求めたうえで，それと $g(h_t)$ のピークが一致するように h_t^* を選択すればよい．

以上のような方法を使うと，h_t を条件付き密度 (3.49) から（スピードが速いという意味で）効率的にサンプリングすることができる．しかし，その一方で，こうした single-move sampler には問題があることが Shephard/Pitt [1997] により指摘されている．それは，ϕ が 1 に近い場合に single-move sampler を使うと，Gibbs sampler の収束のスピードが遅いということである．

通常，ボラティリティのショックには高い持続性があり，ϕ は 1 に近いので，この点は無視できない．より一般的にいうと，相関の高い変数をそれぞれの条件付き分布から別々にサンプリングを行うと，Gibbs sampler は収束が遅い（こうした点に関して，詳しくは，Liu/Wong/Kong [1994] を参照のこと）．Shephard/Pitt [1997] は，Gibbs sampler の収束のスピードを速めるため，blocking とよばれるテクニックを用いた新たなサンプリングの方法を提案しているので，次に，こうした方法についても説明することにしよう．ただし，Shephard/Pitt [1997] には間違いがあるので，それを修正した Watanabe/Omori [2001] に基づいて説明を行う．

b. Multi-move sampler

Gibbs sampler の収束の速度を速める 1 つの方法は，相関の高い変数をひとまとめにしてサンプリングを行うことである．そこで，h_t $(t=1,\ldots,T)$ を，
$$f(h_1,\ldots,h_T|\{\epsilon_s\}_{s=1}^T,\boldsymbol{\theta})$$
から一度にサンプリングすればよいが，これは T が大きい場合，容易なことではない．代わりに，$\{h_1,\ldots,h_T\}$ をいくつかのブロックに分けて，1 つのブロックを一度にサンプリングという方法が考えられる．例えば，$\{h_t,\ldots,h_{t+k}\}$ が 1 つのブロックだとすると，それらを，
$$f(h_t,\ldots,h_{t+k}|\{h_s\}_{s=1}^{t-1},\{h_s\}_{s=t+k+1}^T,\{\epsilon_s\}_{s=1}^T,\boldsymbol{\theta})$$
から同時にサンプリングすればよい．しかし，$\{h_t,\ldots,h_{t+k}\}$ が時間を通じてそれぞれ依存しているので，これも容易ではない．そこで，Shephard/Pitt [1997]

は，$\{h_t,\ldots,h_{t+k}\}$ ではなく，(3.47) 式の誤差項である $\{\eta_t,\ldots,\eta_{t+k}\}$ を，

$$f(\{\eta_s\}_{s=t}^{t+k}|\{h_s\}_{s=1}^{t-1},\{h_s\}_{s=t+k+1}^{T},\{\epsilon_s\}_{s=1}^{T},\boldsymbol{\theta}) \qquad (3.55)$$

からサンプリングするという方法を提案している．h_{t-1} の値がわかっていれば，$\{\eta_t,\ldots,\eta_{t+k}\}$ がサンプリングされると，(3.47) 式から，$\{h_t,\ldots,h_{t+k}\}$ を計算できる．したがって，$\{\eta_t,\ldots,\eta_{t+k}\}$ をサンプリングすることと $\{h_t,\ldots,h_{t+k}\}$ をサンプリングすることとは実は同じことである．(3.55) からサンプリングを行うために，Shephard/Pitt [1997]，Watanabe/Omori [2001] は，3.5.2 項 b の中で説明した M-H/A-R 法を用いている．その際，提案密度関数 g を以下のように選択している．

$t+k<T$ の場合，(3.55) の対数をとったものは次のように表せる．

$$\ln(f(\{\eta_s\}_{s=t}^{t+k}|\{h_s\}_{s=1}^{t-1},\{h_s\}_{s=t+k+1}^{T},\{\epsilon_s\}_{s=1}^{T},\boldsymbol{\theta}))$$
$$=定数+\ln(f(\{\eta_s\}_{s=t}^{t+k}|\boldsymbol{\theta}))+\ln(f(\{\epsilon_s\}_{s=t}^{t+k}|\{h_s\}_{s=t}^{t+k},\boldsymbol{\theta}))$$
$$\quad +\ln(f(h_{t+k+1}|h_{t+k},\boldsymbol{\theta}))$$
$$=定数-\sum_{s=t}^{t+k}\ln(f(\eta_s|\boldsymbol{\theta}))+\sum_{s=t}^{t+k}\ln(f(\epsilon_s|h_s,\boldsymbol{\theta}))$$
$$\quad +\ln(f(h_{t+k+1}|h_{t+k},\boldsymbol{\theta}))$$
$$=定数-\frac{1}{2\sigma_\eta^2}\sum_{s=t}^{t+k}\eta_s^2-\frac{1}{2}\sum_{s=t}^{t+k}\left\{h_s+\frac{\epsilon_s^2}{\sigma_r^2}\exp(-h_s)\right\}$$
$$\quad -\frac{1}{2\sigma_\eta^2}(h_{t+k+1}-\phi h_{t+k})^2 \qquad (3.56)$$

$t+k=T$ の場合には，最後の項がないので，次のように表せる．

$$\ln(f(\{\eta_s\}_{s=t}^{t+k}|\{h_s\}_{s=1}^{t-1},\{h_s\}_{s=t+k+1}^{T},\{\epsilon_s\}_{s=1}^{T},\boldsymbol{\theta}))$$
$$=定数-\frac{1}{2\sigma_\eta^2}\sum_{s=t}^{t+k}\eta_s^2-\frac{1}{2}\sum_{s=t}^{t+k}\left\{h_s+\frac{\epsilon_s^2}{\sigma_r^2}\exp(-h_s)\right\} \qquad (3.56')$$

ここで，

$$l(h_s)=-\frac{1}{2}\left\{h_s+\frac{\epsilon_s^2}{\sigma_r^2}\exp(-h_s)\right\}$$

とおき，(3.56) を $\{\hat{\eta}_s\}_{s=t}^{t+k}$ の回りで 2 次までテーラー展開すると，次式が得られる（$\{\hat{\eta}_s\}_{s=t}^{t+k}$ をどのように選択するかについては以下で説明する．また，

$\{\hat{\eta}_s\}_{s=t}^{t+k}$ に対応する $\{h_s\}_{s=t}^{t+k}$ を $\{\hat{h}_s\}_{s=t}^{t+k}$ と表すことにする). $t+k < T$ の場合,

$$\ln(f(\{\eta_s\}_{s=t}^{t+k}|\{h_s\}_{s=1}^{t-1}, \{h_s\}_{s=t+k+1}^{T}, \{\epsilon_s\}_{s=1}^{T}, \boldsymbol{\theta}))$$

$$= 定数 - \frac{1}{2\sigma_\eta^2}\sum_{s=t}^{t+k}\eta_s^2 + \sum_{s=t}^{t+k}l(h_s) - \frac{1}{2\sigma_\eta^2}(h_{t+k+1} - \phi h_{t+k})^2$$

$$\approx 定数 - \frac{1}{2\sigma_\eta^2}\sum_{s=t}^{t+k}\eta_s^2 + \sum_{s=t}^{t+k}\left\{l(\hat{h}_s) + (h_s - \hat{h}_s)l'(\hat{h}_s) + \frac{1}{2}(h_s - \hat{h}_s)^2 l''(\hat{h}_s)\right\}$$

$$- \frac{1}{2\sigma_\eta^2}(h_{t+k+1} - \phi h_{t+k})^2$$

$$= 定数 - \frac{1}{2\sigma_\eta^2}\sum_{s=t}^{t+k}\eta_s^2 + \frac{1}{2}\sum_{s=t}^{t+k-1}l''(\hat{h}_s)\left(\hat{h}_s - \frac{l'(\hat{h}_s)}{l''(\hat{h}_s)} - h_s\right)^2 - \frac{\phi^2 - l''(\hat{h}_{t+k})\sigma_\eta^2}{2\sigma_\eta^2}$$

$$\times \left\{\frac{\sigma_\eta^2}{\phi^2 - l''(\hat{h}_{t+k})\sigma_\eta^2}\left(l'(\hat{h}_{t+k}) - l''(\hat{h}_{t+k})\hat{h}_{t+k} + \frac{\phi}{\sigma_\eta^2}h_{t+k+1}\right) - h_{t+k}\right\}^2$$

$t+k = T$ の場合,

$$\ln(f(\{\eta_s\}_{s=t}^{t+k}|\{h_s\}_{s=1}^{t-1}, \{h_s\}_{s=t+k+1}^{T}, \{\epsilon_s\}_{s=1}^{T}, \boldsymbol{\theta}))$$

$$\approx 定数 - \frac{1}{2\sigma_\eta^2}\sum_{s=t}^{t+k}\eta_s^2 + \frac{1}{2}\sum_{s=t}^{t+k}l''(\hat{h}_s)\left(\hat{h}_s - \frac{l'(\hat{h}_s)}{l''(\hat{h}_s)} - h_s\right)^2$$

ただし,

$$l'(\hat{h}_s) = \frac{1}{2}\left(\frac{\epsilon_s^2}{\sigma_r^2}\exp(-\hat{h}_s) - 1\right)$$

$$l''(\hat{h}_s) = -\frac{\epsilon_s^2}{2\sigma_r^2}\exp(-\hat{h}_s)$$

これらの近似式を, 定数 $+ \ln g$ とすればよい. そうすると, 以下のようにして提案密度関数 g からサンプリングすることができる.

まず, 変数 $\hat{\epsilon}_s$ と v_s を次のように定義する. $s = t, \ldots, t+k-1$ および $s = T$ の場合,

$$\hat{\epsilon}_s = \hat{h}_s + v_s l'(\hat{h}_s) \tag{3.57}$$

ただし,

$$v_s = -\frac{1}{l''(\hat{h}_s)}$$

$s = t + k < T$ の場合,

$$\hat{\epsilon}_s = v_s \left(l'(\hat{h}_s) - l''(\hat{h}_s)\hat{h}_s + \frac{\phi}{\sigma_\eta^2} h_{s+1} \right) \quad (3.57')$$

ただし,

$$v_s = \frac{\sigma_\eta^2}{\phi^2 - l''(\hat{h}_s)\sigma_\eta^2}$$

次に,この $\hat{\epsilon}_s$ を観測される変数,h_s を状態変数とする次のような線形状態空間モデルを考える.

$$\hat{\epsilon}_s = h_s + \xi_s, \quad \xi_s \sim N(0, v_s) \quad (3.58)$$
$$h_s = \phi h_{s-1} + \eta_s, \quad \eta_s \sim N(0, \sigma_\eta^2) \quad (3.59)$$

これに de Jong/Shephard [1995] によって提案された simulation smoother を適用すると,$\{\eta_s\}_{s=t}^{t+k}$ を g からサンプリングすることができる.(simulation smoother については,3.7.3 項を参照のこと).ただし,ここでは,さらに h_0 を single-move sampler によってサンプリングする.

ここで,テーラー展開を行う点 $\{\hat{h}_s\}_{s=t}^{t+k}$ の選択であるが,$\{\hat{h}_s\}_{s=t}^{t+k}$ に適当な初期値を選んでやると,(3.57) 式より $\{\hat{\epsilon}_s\}_{s=t}^{t+k}$ が計算できる.それを使って,(3.58), (3.59) 式からなる線形状態空間モデルにおいて 3.4.4 項で説明した平滑化を行うと,$\{h_s\}_{s=t}^{t+k}$ の推定値が求まる.それを (3.57) 式の $\{\hat{h}_s\}_{s=t}^{t+k}$ に代入すると新たな $\{\hat{\epsilon}_s\}_{s=t}^{t+k}$ が求まる.今度は,それを使い,(3.58), (3.59) 式からなる線形状態空間モデルにおいて再び平滑化を行うと,$\{h_s\}_{s=t}^{t+k}$ の新たな推定値が求まる.これを数回繰り返して得られる $\{h_s\}_{s=t}^{t+k}$ の推定値の下でテーラー展開を行えばよい.

最後に,ブロッキングを行う際,どこで区切るかであるが,Shephard/Pitt [1997] は,区切る点をランダムに選んでいる.具体的には,U_i を $[0,1]$ の一様分布から選ばれた値とし,

$$k_i = \mathrm{int}\left[T \times \frac{i + U_i}{K + 2} \right], \quad i = 1, \ldots, K$$

としている.ただし,$\mathrm{int}[x]$ は x に最も近い整数を表す.このように,ブロックの区切りをランダムに選ぶと,今回のサンプリングで非常に多く棄却されるブロックがあったとしても,次のサンプリングでは,異なるブロックが選ばれ

るので,棄却が続いてサンプリングが行き詰まってしまうということを排除できる.

Shephard/Pitt [1997] は,(3.56) 式の最後の項を無視しており,$t+k<T$ の場合にも (3.56′) 式を用いている.その結果,変数 $\hat{\epsilon}_s, v_s$ を,s にかかわらず,すべて (3.57) 式で定義している.彼らの方法をそのまま用いると,パラメータやボラティリティの推定値にバイアスが生じる (Watanabe/Omori [2001] 参照) ので,注意が必要である.

3.6 資産価格と取引高の動学的 2 変量分布混合モデル

これまでは,もっぱら,資産価格のボラティリティの変動だけを考えてきたが,資産価格が大きく変動した日には,その資産の取引高も膨らむ.すなわち,ボラティリティと取引高との間には(同時点の)正の相関関係が存在することが知られている.Karpoff [1987] は,それまでの資産価格と取引高の関係について実証研究を行っている文献をサーベイし,ボラティリティと取引高の間に正の相関を観測している 18 の論文を引用している.

Clark [1973], Tauchen/Pitts [1983], Andersen [1996] らは,こうしたボラティリティと取引高の間に正の相関関係が生じる理由を,3.1.1 項で紹介した分布混合仮説を用いて説明している.この仮説は,1 日の取引回数(あるいは,1 日に市場に入ってくる情報量)が日々確率的に変動するというものであった.この仮説によると,市場に多くの情報が入ってきて取引回数が多かった日はボラティリティも上昇する.同時に,取引回数が多かった日には取引高も膨らむと考えるのが妥当であろう.もしそうであれば,取引回数が多かった日には,ボラティリティ,取引高とも高まるので,ボラティリティと取引高の間に正の相関が生じることになる.

Clark [1973] が取引高がどのように決まるかについては議論せず,ただ単に,取引高を 1 日の取引回数の代理変数として取り扱っているのに対して[21],Tauchen/Pitts [1983], Andersen [1996] らは収益率と取引高とがどちらも内生

---

[21] Lamoureux/Lastrapes [1990b] も取引高を外生変数と考え,GARCH モデルのボラティリティの式に取引高を加えて推定を行っている(2.5 節参照).

3.6 資産価格と取引高の動学的2変量分布混合モデル

的に同時決定されるモデルを提案している．Tauchen/Pitts [1983], Andersen [1996] らのモデルは2変量分布混合モデル（bivariate mixture model）とよばれ，SVモデルを取引高を含める形で拡張したモデルになっている[22]．本節では，主に，Tauchen/Pitts [1983] モデルを取り上げる．

ただし，彼らは1日の取引回数を過去と独立な確率変数であると仮定している．この仮定の下では，ボラティリティや取引高は過去と独立に変動することになるが，ボラティリティや取引高は自己相関が高いことが知られており，矛盾する．そこで，本節では，1日の取引回数は自己相関をもって変動しているものと考える（このように修正したモデルを，動学的2変量分布混合モデル (dynamic bivariate mixture model；DBMモデル) とよぶことにする）．

以下，まず，3.6.1項でTauchen/Pitts [1983] モデルを修正したDBMモデルについて簡単に解説した後，3.6.2項でそのベイズ推定法について解説を行う．DBMモデルは線形状態空間モデルに変換することができない．そこで，3.4節で説明したカルマン・フィルタに基づく疑似最尤法（QMLE）のように線形状態空間モデルへの変換を要する推定法は適用できない．そこで，これまでDBMモデルの推定には，積率法（MM）（Lamoureux/Lastrapes [1994]），一般化積率法（GMM）（Andersen [1996]），シミュレーションによる最尤法（SMM）（Liesenfeld [1998]）等，線形状態空間モデルへの変換が必要ない方法が用いられてきた．ここでは，前節で説明したMCMC法に基づくベイズ推定法を応用する．このベイズ推定法を用いて，3.6.3, 3.6.4項では，日経225株価指数先物の日次データに実際にDBMモデルを当てはめ，その妥当性を検討する．

本節では，DBMモデルだけを取り上げるが，ボラティリティと取引高の間の正の相関と整合的なモデルには，他に，sequential information モデル（Copeland [1976]），microstructure モデル（Admati/Pfleiderer [1988]），noisy rational expectations モデル（Wang [1994]）等があるので，興味のある読者はそれらも参照されたい．また，そうした特定のモデルに基づかないで，資産価格と取引高の関係について実証分析を行った研究も数多くある．例えば，Hiemstra/Jones [1994] は資産価格と取引高の間の線形・非線形グレンジャー因果性について分析

---

[22] それに対して，SVモデルは「1変量分布混合モデル」ということになる．

しており，Gallant/Rossi/Tauchen [1992]，Tauchen/Zhang/Liu [1996]，Hsu [1998] らはセミ・ノンパラメトリック法によって分析を行っている．Watanabe [1994, 1996] は，SV モデルにおいて収益率のボラティリティと取引高とを 2 変量自己回帰モデルで定式化し，QMLE によって推定を行っている．

3.6.1 Tauchen/Pitts モデル

Tauchen/Pitts [1983] モデルは，先物市場を対象としたモデルである．ある先物市場では，J 人の投資家が参加しており，第 t 取引日には，日中，I_t 回の取引が行われたものとしよう．この I_t 回の中の第 i 番目の取引における第 j 投資家にとっての先物の最適保有量 Q_{ij} は，次式のように，留保価格 p_{ij}^* と市場価格 p_i の比の増加関数であるものする．

$$Q_{ij} = \alpha \ln(p_{ij}^*/p_i) \tag{3.60}$$

ここで，α は正の値の定数である[*23]．

(3.60) 式を先物市場の均衡条件

$$\sum_{j=1}^{J} Q_{ij} = 0$$

に代入することにより，均衡価格（の対数値）が次のように求まる．

$$\ln(p_i) = \frac{1}{J} \sum_{j=1}^{J} \ln(p_{ij}^*) \tag{3.61}$$

以上より，日中の第 i 番目の取引における価格変化率と取引高はそれぞれ次のように表される．

$$\begin{aligned} r_i &\equiv \Delta \ln(p_i) \\ &= \frac{1}{J} \sum_{j=1}^{J} \Delta \ln(p_{ij}^*) \end{aligned} \tag{3.62}$$

$$v_i \equiv \frac{1}{2} \sum_{j=1}^{J} |Q_{ij} - Q_{i-1,j}|$$

[*23] 正確にいうと，Tauchen/Pitts [1983] は，(3.60) 式ではなく，次のように定式化している．

$$Q_{ij} = \alpha(p_{ij}^* - p_i) \tag{3.60'}$$

そうすると，価格の変分と取引高の関係が導かれるのに対して，(3.60) 式のように定式化すると，価格変化率と取引高の関係が導かれる．

3.6 資産価格と取引高の動学的 2 変量分布混合モデル

$$= \frac{\alpha}{2}\sum_{j=1}^{J}|\Delta\ln(p_{ij}^*) - \Delta\ln(p_i)| \tag{3.63}$$

ここで,

$$\Delta\ln(p_i) = \ln(p_i) - \ln(p_{i-1}),$$
$$\Delta\ln(p_{ij}^*) = \ln(p_{ij}) - \ln(p_{i-1,j})$$

である.

Tauchen/Pitts [1983] は,$\Delta\ln(p_{ij}^*)$ を,すべての投資家に共通な ϕ_i と第 j 投資家に固有な ψ_{ij} という 2 つの確率変数の和として次式のように定式化している.

$$\Delta\ln(p_{ij}^*) = \phi_i + \psi_{ij} \tag{3.64}$$

ここで,ϕ_i と ψ_{ij} はすべての i,j について独立であり,また,

$$\mathrm{E}(\phi_i) = \mathrm{E}(\psi_{ij}) = 0,$$
$$\mathrm{Var}(\phi_i) = \sigma_\phi^2, \quad \mathrm{Var}(\psi_{ij}) = \sigma_\psi^2$$

とする.

(3.64) 式を,(3.62),(3.63) 式に代入すると,次式が得られる.

$$r_i = \phi_i + \overline{\psi}_i, \quad \overline{\psi}_i \equiv \frac{1}{J}\sum_{j=1}^{J}\psi_{ij} \tag{3.65}$$

$$v_i = \frac{\alpha}{2}\sum_{j=1}^{J}|\psi_{ij} - \overline{\psi}_i| \tag{3.66}$$

さらに,J は十分大きいものとし,中心極限定理を適用すると,次の 3 つの命題が得られる.

(i) $r_i \sim N(0, \sigma_r^2)$. ただし,$\sigma_r^2 = \sigma_\phi^2 + \frac{1}{J}\sigma_\psi^2$

(ii) $v_i \sim N(\mu_v, \sigma_v^2)$. ただし,

$$\mu_v = \frac{\alpha}{2}\sigma_\psi\sqrt{\frac{2}{\pi}}\sqrt{\frac{J-1}{J}}J$$

$$\sigma_v^2 = \left(\frac{\alpha}{2}\right)^2\sigma_\psi^2\left(1 - \frac{2}{\pi}\right)J$$

(iii) r_i と v_i とは互いに独立.

r_i と v_i が互いに独立であるということは,日中の1回1回の取引では,価格変化率のボラティリティと取引高の間にはなんら相関がないということである.しかし,分布混合仮説では,市場に入ってくる情報量が日々確率的に変動し,それによって,1日の取引回数も日々確率的に変動するものと考える.したがって,1回1回の取引では,価格変化率のボラティリティと取引高の間にはなんら相関がなくても,日次の収益率のボラティリティと取引高の間に正の相関が生じることになる.日次の収益率および取引高を求めるには,日中の収益率 r_i,取引高 v_i を1日で合計すればよい.第 t 日の取引回数を I_t とすると,第 t 日の日次収益率 R_t および取引高 V_t は,次のように表される.

$$R_t = \sum_{i=1}^{I_t} r_i = \sigma_r \sqrt{I_t} z_{rt}, \quad z_{rt} \sim \text{i.i.d.} N(0,1) \tag{3.67}$$

$$V_t = \sum_{i=1}^{I_t} v_i = \mu_v I_t + \sigma_v \sqrt{I_t} z_{vt}, \quad z_{vt} \sim \text{i.i.d.} N(0,1) \tag{3.68}$$

ここで,z_{rt},z_{vt} は互いに独立な確率変数である.

(3.67),(3.68)式は,I_t が与えられると,R_t と V_t が互いに独立な正規分布に従うことを示している.しかし,I_t が日々確率的に変動するなら,R_t と V_t の無条件分布は正規分布ではなく,混合正規分布になる.このことから,このモデルは,2変量分布混合(DBM)モデルとよばれる.また,(3.67),(3.68)式より,I_t の上昇(下落)は,価格変化率の分散と取引高の平均をどちらも上昇(下落)させることがわかる.したがって,このモデルは,価格変化率のボラティリティと取引高の間に正の相関があるという事実と整合的である.

I_t が日々確率的に変動するのであれば,モデルを完結させるためには,さらに,I_t の変動を定式化しなければならない.Tauchen/Pitts [1983] は,I_t を過去と独立な対数正規分布に従うと仮定している[24].しかし,もしそうであれば,価格変化率のボラティリティおよび取引高は過去と独立になる.すでに何度も述べたように,価格変化率のボラティリティのショックは持続性が高い.また,取引高も,通常,高い自己相関をもっている.そこで,その後の研究で

---

[24] Richardson/Smith [1994] は,ガンマ分布やポアソン分布といった他の分布も考えている.

は，I_t の自己相関を考慮した定式化が行われている[*25]．ここでは，I_t の対数値を AR(1) モデル

$$\ln(I_t) = \mu + \phi \ln(I_{t-1}) + \eta_t, \quad \eta_t \sim \text{i.i.d.} N(0, \sigma_\eta^2) \qquad (3.69)$$

によって定式化する．ただし，η_t は z_{rt}, z_{vt} と独立な確率変数である．

ここで，(3.67)–(3.69) 式からなるモデルのパラメータの値は一意には選べないことに注意しよう．各パラメータの真の値が，

$$(\{I_t^*\}_{t=0}^T, \mu_v^*, \sigma_r^*, \sigma_v^*, \mu^*, \phi^*, \sigma_\eta^*)$$

であるとする．このとき，k を正の定数であるとすると，

$$(\{kI_t^*\}_{t=0}^T, \mu_v^*/k, \sigma_r^*/\sqrt{k}, \sigma_v^*/\sqrt{k}, \mu^* + (1-\phi^*)\ln(k), \phi^*, \sigma_\eta^*)$$

も (3.67)–(3.69) 式を満たす．そこで，どれか 1 つのパラメータを固定する必要がある．ここでは，$\mu = 0$ とする．

また，$\ln(I_t)$ を，以下，h_t で表すことにしよう．そうすると，(3.67)–(3.69) 式は次のように表される．

$$R_t = \sigma_r \exp(h_t/2) z_{rt}, \quad z_{rt} \sim \text{i.i.d.} N(0, 1) \qquad (3.67')$$

$$V_t = \mu_v \exp(h_t) + \sigma_v \exp(h_t/2) z_{vt}, \quad z_{vt} \sim \text{i.i.d.} N(0, 1) \qquad (3.68')$$

$$h_{t+1} = \phi h_t + \eta_t, \quad \eta_t \sim \text{i.i.d.} N(0, \sigma_\eta^2) \qquad (3.69')$$

このモデルを，以下，動学的 2 変量分布混合（DBM）モデルとよぶことにする．このモデルは，(3.68′) 式を無視すると，すなわち，(3.67′)，(3.69′) 式だけを考えると，SV モデルになる．そこで，このモデルのパラメータも最尤推定することは難しい．また，SV モデルと違い，このモデルは線形状態空間モデルに変換できないので，3.4 節で説明した疑似最尤法のように線形状態空間モデルへの変換を要する推定法は適用できない．そこで，ここでは，特に，3.5 節で説明したベイズ推定法を応用する．

3.6.2 動学的 2 変量分布混合モデルのベイズ分析

(3.67′)–(3.69′) 式から構成される DBM モデルの未知のパラメータは，

[*25] Andersen [1996], Liesenfeld [1998] は，(3.69) 式と同じ定式化を行っている．それに対して，Lamoureux/Lastrapes [1994] は，対数をとらない I_t が AR(1) モデルに従うとしている．

$$(\mu_v, \phi, \sigma_r^2, \sigma_v^2, \sigma_\eta^2)$$

である（以下，これらをまとめて，$\boldsymbol{\theta}$ で表すことにする）．これらのパラメータに関して，ここでも，次のような noninformative な事前分布を設定する．

$$f(\mu_v) = I[0, \infty], \quad f(\phi) \propto I[-1, 1],$$
$$f(\sigma_r^2) \propto 1/\sigma_r^2, \quad f(\sigma_v^2) \propto 1/\sigma_v^2, \quad f(\sigma_\eta^2) \propto 1/\sigma_\eta^2$$

ここで，μ_v は正のパラメータなので，その事前分布には $[0, \infty]$ の区間での一様分布を仮定している．

h_t $(t = 1, 2, \ldots, T)$ のサンプリングに single-move sampler を用いるなら，

$$f(\mu_v|\{R_s\}_{s=1}^T, \{V_s\}_{s=1}^T, \{h_s\}_{s=1}^T, \phi, \sigma_r^2, \sigma_v^2, \sigma_\eta^2) \tag{3.70}$$

$$f(\phi|\{R_s\}_{s=1}^T, \{V_s\}_{s=1}^T, \{h_s\}_{s=1}^T, \mu_v, \sigma_r^2, \sigma_v^2, \sigma_\eta^2) \tag{3.71}$$

$$f(\sigma_r^2|\{R_s\}_{s=1}^T, \{V_s\}_{s=1}^T, \{h_s\}_{s=1}^T, \mu_v, \phi, \sigma_v^2, \sigma_\eta^2) \tag{3.72}$$

$$f(\sigma_v^2|\{R_s\}_{s=1}^T, \{V_s\}_{s=1}^T, \{h_s\}_{s=1}^T, \mu_v, \phi, \sigma_r^2, \sigma_\eta^2) \tag{3.73}$$

$$f(\sigma_\eta^2|\{R_s\}_{s=1}^T, \{V_s\}_{s=1}^T, \{h_s\}_{s=1}^T, \mu_v, \phi, \sigma_r^2, \sigma_v^2) \tag{3.74}$$

$$f(h_t|\{h_s\}_{s \neq t}, \{R_s\}_{s=1}^T, \{V_s\}_{s=1}^T, \boldsymbol{\theta}), \quad t = 1, \ldots, T \tag{3.75}$$

から繰り返しサンプリングを行えばよい．条件付き密度 (3.70)–(3.74) がどのような分布になるかは，3.7.4 項を参照のこと．また，(3.75) は，次のように表せる．

$$\ln(f(h_t|\cdot))$$
$$= 定数 - h_t - \frac{(h_t - \mu_t)^2}{2\tilde{\sigma}_t^2} - \left(\frac{R_t^2}{\sigma_r^2} + \frac{V_t^2}{\sigma_v^2}\right)\frac{\exp(-h_t)}{2}$$
$$- \frac{\mu_v^2}{2\sigma_v^2}\exp(h_t) \tag{3.76}$$

ただし，μ_t, $\tilde{\sigma}_t^2$ は，それぞれ，(3.51), (3.52) で与えられる．

multi-move sampler を用いる場合には，(3.75) 式に代わって，各ブロックで，$\{\eta_s\}_{s=t}^{t+k}$ をひとまとめにして，

$$f(\{\eta_s\}_{s=t}^{t+k}|\{h_s\}_{s=1}^{t-1}, \{h_s\}_{s=t+k+1}^T, \{R_s\}_{s=1}^T, \{V_s\}_{s=1}^T, \boldsymbol{\theta}) \tag{3.77}$$

からサンプリングすればよい．(3.77) は，次のように表すことができる．

$t + k < T$ の場合，

$$\ln f(\{\eta_s\}_{s=t}^{t+k}|\{h_s\}_{s=1}^{t-1},\{h_s\}_{s=t+k+1}^{T},\{R_s\}_{s=1}^{T},\{V_s\}_{s=1}^{T},\boldsymbol{\theta})$$
$$= 定数 - \frac{1}{2\sigma_\eta^2}\sum_{s=t}^{t+k}\eta_s^2$$
$$- \sum_{s=t}^{t+k}\left\{h_s + \frac{1}{2}\left(\frac{R_s^2}{\sigma_r^2}+\frac{V_s^2}{\sigma_v^2}\right)\exp(-h_s)+\frac{\mu_v^2}{2}\exp(h_s)\right\}$$
$$-\frac{1}{2\sigma_\eta^2}(h_{t+k+1}-\phi h_{t+k})^2. \quad (3.78)$$

$t+k=T$ の場合には,最後の項を削除すればよい.

(3.76), (3.78) は,それぞれ,(3.53), (3.56) に対応するので,3.5.4 項の a, b で説明したのと同様な方法により,サンプリングを行うことができる.

3.6.3 実 証 分 析
a. デ ー タ

Watanabe [2000a] は,DBM モデルが実際の資産価格のボラティリティと取引高の変動を記述するモデルとして妥当であるかどうかを,大阪証券取引所で取引されている日経 225 株価指数先物の価格と取引高の日次データを用いて検証を行っている.本項では,以下,そこで得られている分析結果の一部を紹介する.

日経 225 株価指数先物の限月は 3,6,9,12 月であり,満期の 1 年 3 か月前から取引が開始されるので,日々,5 つの限月の異なる先物が取引されている.そこで,そのうちのどの価格を使うかであるが,ここでは,Bessembinder/Seguin [1993] に従い,限月に入るまでは最も限月の近い先物の価格を,限月に入った場合は次に限月の近い先物の価格を使って,価格変化率(%)を計算した.取引高に関しては,単純に,すべての限月のものを合計し,それに 10^{-4} を掛けたものを用いている.

日経 225 株価指数先物の取引は,1988 年の 9 月に始まったが,90 年始めに現物市場で株価が下落に転じたことを契機に「先物悪玉論」が台頭し,1990 年 8 月 24 日以降,証拠金率,更新値幅,更新時間等に関する規制が強化された.こうした規制の強化は,大阪証券取引所における日経 225 先物の取引高を減少させ,規制の緩いシンガポールでの取引を増大させたので,1994 年 2 月 14 日

表 3.1 日経 225 株価指数先物の日次価格変化率と取引高の基本統計量

	期間	サンプル数
規制強化期	1990/8/25-1994/2/10	846
規制緩和期	1994/2/15-1997/10/1	899

(a) 基本統計量

統計量	価格変化率 (%)	取引高 ($\times 10^{-4}$)
規制強化期		
平均	-0.021	5.706
標準偏差	1.632	2.729
LB(12)	7.88	6444.04
LB^2(12)	201.75	
規制緩和期		
平均	-0.010	2.821
標準偏差	1.250	1.186
LB(12)	15.26	1021.21
LB^2(12)	70.75	

(b) 相関係数

	$\mathrm{Corr}(R_t, V_t)$	$\mathrm{Corr}(R_t^2, V_t)$
規制強化期	0.009	-0.082
規制緩和期	-0.034	0.247

*LB(12) は価格変化率または取引高の，LB^2(12) は価格変化率の 2 乗の Ljung/Box 統計量を表す．ラグ次数は 12 とし，また，Diebold [1988], Diebold/Lopez [1995] に従い分散不均一性の調整を行った．この統計量の臨界点（有意水準）は，18.55 (10%), 21.03 (5%), 26.22 (1%) である．

を境として，今度は一転して規制が緩和されることになる（日経 225 先物の規制に関しては，Watanabe [2000a, 2001] の Table 1 または樋口 [1996] の表 1 を参照のこと）．そこで，1990 年 8 月 25 日から 1994 年 2 月 10 日までの規制強化期と 1994 年 2 月 15 日から 1997 年 10 月 1 日までの規制緩和期とに分けて別々に価格変化率と取引高の基本統計量および相関係数の計算を行った．ただし，取引高が極端に小さい日はサンプルから除いている[*26]．結果は表 3.1 にまとめられている．

表 3.1(a) には，価格変化率および取引高の基本統計量として，平均，標準偏差，ラグ次数 12 の Ljung/Box 統計量 LB(12) の値がそれぞれ示されている．

[*26] サンプルから除いた日およびその日の取引高（10^{-4} を掛ける前）は次のとおりである．153 (1990/10/2), 658 (92/1/6), 167 (92/8/27), 63 (94/1/24), 0 (94/1/31), 0 (94/2/1).

3.6 資産価格と取引高の動学的2変量分布混合モデル

また，価格変化率に関しては，その2乗の LB(12) も計算されている．価格変化率に関しては，規制の強化期と緩和期とで，平均，標準偏差ともさほど変わりない．それに対して，取引高の平均，標準偏差は規制強化期のほうが高い．LB(12) は自己相関の有無を検定するための統計量であり，ここでは，Diebold [1988], Diebold/Lopez [1995] に従い，分散不均一性を調整している．規制強化期・緩和期とも，価格変化率については，LB(12) の値は十分小さく，自己相関は有意でないのに対して，価格変化率の2乗および取引高に関しては，LB(12) は非常に大きな値を示しており，高い自己相関が認められる．価格変化率には自己相関がないが，その2乗および取引高には高い自己相関があるという結果は (3.67′)–(3.69′) 式からなる DBM モデルと整合的である[*27]．

表 3.1 (b) には，価格変化率と取引高の間および価格変化率の2乗と取引高の間の相関係数が示されている．価格変化率と取引高の間には規制強化期・緩和期とも有意な相関はない．実は，価格変化率と取引高の間には，現物市場では正の相関があるが，先物市場では相関がないことが知られている（Karpoff [1987] 参照）．ここでは先物市場を考えているので価格変化率と取引高の間に有意な相関がないという結果は他の実証結果と整合的である．また，それは (3.67′)–(3.69′) 式からなる DBM モデルとも整合的である[*28]．価格変化率の2乗と取引高の間の相関は規制強化期と緩和期とで大きく異なる．規制緩和期には有意な正の相関があるのに対して，規制強化期には相関は有意でない[*29]．価格変化率の2乗と取引高の間に有意な相関がないという規制強化期の結果は，DBM モデルと整合的でない．そこで，以下のモデルの推定は規制緩和期のデータだけを用いて行った．

[*27] 渡部 [1999b] は，規制強化期と緩和期とで，日経 225 株価指数およびその先物価格の変動には構造変化がないことを，EGARCH モデルを用いて示している．

[*28] 現物市場における価格変化率と取引高の正の相関を捉えるため，Harris [1986, 1987] は，Tauchen/Pitts [1983] モデルの (3.67) 式を次のように修正している．

$$R_t = \mu_r I_t + \sigma_r \sqrt{I_t} z_{rt}$$

[*29] Watanabe [2001] は，価格変化率の絶対値と建玉残高との相関を調べ，規制緩和期には有意な負の相関があるのに対して，規制強化期には有意な相関がないことを示している．

b. 実証分析の詳細

以下の実証分析では，h_1 のサンプリングには single move sampler を，$\{h_s\}_{s=2}^T$ のサンプリングには multi-move sampler を用いている．multi-move sampler では，$K=30$ とし，ブロックの区切りはランダムに選んでいる．また，最初の 1000 回は捨て，その後の 10000 回のサンプリングの結果を使って，平均，平均の標準誤差，95%信用区間を計算している．平均は 10000 回のサンプリングで得られた値の単純平均である．95%信用区間は，10000 回のサンプリングで得られた値をその大きさに従って並べ換え，上から 2.5%と下から 2.5%に対応する値をとった．MCMC 法によってサンプリングされた値には自己相関があるので，平均の標準誤差を計算する際には注意を要する．ここでは，Parzen のウインドウを使って標準誤差の計算を行った（詳しくは，Shephard/Pitt [1997, p.655] を参照のこと）．その際の bandwidth は 1000 とした．

また，Geweke [1992] に従い，MCMC の収束判定のため，10000 個のサンプルの前半と後半とで平均に有意な差がないかどうか検定を行っている．具体的には，10000 個のサンプル $\{\theta^{(i)}\}_{i=1}^{10000}$ のうちの前半の n_A 個 $\{\theta^{(i)}\}_{i=1}^{n_A}$ の平均

$$\bar{\theta}_A = \frac{1}{n_A} \sum_{i=1}^{n_A} \theta^{(i)}$$

と，後半の n_B 個 $\{\theta^{(i)}\}_{10001-n_B}^{10000}$ の平均

$$\bar{\theta}_B = \frac{1}{n_B} \sum_{j=10001-n_B}^{10000} \theta^{(j)}$$

を使って，次のような CD（convergence diagnostic）統計量を計算した．

$$\mathrm{CD} = \frac{\bar{\theta}_A - \bar{\theta}_B}{\sqrt{\hat{\sigma}_A^2/n_A + \hat{\sigma}_B^2/n_B}} \tag{3.79}$$

ただし，$\sqrt{\hat{\sigma}_A^2/n_A}$，$\sqrt{\hat{\sigma}_B^2/n_B}$ はそれぞれ $\bar{\theta}_A$，$\bar{\theta}_B$ の標準誤差を表し，それらは Parzen のウインドウを使って計算した．$\hat{\sigma}_A^2/n_A$，$\hat{\sigma}_B^2/n_B$ を計算する際の bandwidth はそれぞれ 100，500 とした．また，$n_A=1000$，$n_B=5000$ としている．もし，MCMC が定常分布に収束しているなら，平均に有意な差はないはずで，その場合の CD 統計量の漸近分布は標準正規分布になる．

3.6.4 推定結果
a. SV モデル

DBM モデルの推定の前に，(3.67′)，(3.69′) 式からなる SV モデルの推定を行った．SV モデルの未知のパラメータは，$(\phi, \sigma_\eta^2, \sigma_r^2)$ である．これらのパラメータの事前分布には (3.48) の noninformative な事前分布を用いている．推定結果は表 3.2 にまとめられている．まず，(3.79) 式により計算された CD 統計量の値によると，すべてのパラメータが MCMC の収束の診断をパスしている．次に，ϕ の事後平均および 95%信用区間をみてみると，それぞれ，0.9587 と [0.9117, 0.9910] である．ここでは，ϕ の事前分布を $[-1, 1]$ の間の一様分布としているにもかかわらず，事後分布の 95%信用区間は 1 に近く，その範囲は狭い．このことは，日経 225 先物市場でもボラティリティのショックには高い持続性があることを強く示している．

3.7.5 項の (3.115) 式は，(3.67′)，(3.69′) 式からなる SV モデルの下では，価格変化率の 2 乗の 1 次の自己相関係数がどのように表されるかを示したものである．それは，SV モデルのパラメータ $(\phi, \sigma_\eta^2, \sigma_r^2)$ の非線形関数となっているので，その分布を導出することは古典的な方法では難しい．しかし，ここで用いているベイズ推定法では，MCMC 法により SV モデルのパラメータが事後分布からサンプリングされているので，それをただ単に (3.115) 式に代入することにより，価格変化率の 2 乗の 1 次の自己相関についても事後分布からサンプリングした値を得ることができる．このようにして得られた値を使って，表 3.2 には，価格変化率の 2 乗の 1 次の自己相関係数についても，平均，標準誤差，95%信用区間，CD 統計量が計算されている．95%信用区間は [0.0975, 0.2358] である．それに対して，標本から計算される価格変化率の 2 乗の 1 階の自己相関係数の値は 0.1837 であり，95%信用区間に含まれている．

b. DBM モデルの推定

(3.67′)–(3.69′) 式からなる DBM モデルの推定結果は表 3.3 にまとめられている．ここでも，すべてのパラメータが MCMC の収束の判定をパスしている．ϕ の事後平均および 95%信用区間は，それぞれ，0.7991 と [0.7359, 0.8566] であり，SV モデルより低めの値が得られている．このように DBM モデルにすると ϕ の推定値が低下するという結果は，Andersen [1966] や Liesenfeld [1988]

表 3.2 SV モデルのベイズ推定

パラメータ	平均	標準誤差	95%信用区間	CD
ϕ	0.9587	0.0031	[0.9117, 0.9910]	0.70
σ_η	0.1907	0.0086	[0.1037, 0.2877]	-0.58
σ_r	1.1264	0.0098	[0.9510, 1.3742]	-0.80
$\sigma_\eta^2/(1-\phi^2)$	0.5335	0.0073	[0.2586, 1.0860]	0.35
$\mathrm{Corr}(R_t^2, R_{t-1}^2)$	0.1546	0.0006	[0.0975, 0.2358]	-0.60

*標準誤差は平均の標準偏差を表し,Shephard/Pitt [1997] に従い,Parzen のウインドウを使って計算したものである(bandwidth は 1000 とした).CD は Geweke [1992] によって提案された MCMC の収束の検定統計量を表し,(3.79) 式を使って計算されたものである.$n_A = 1000$, $n_B = 5000$ とし,$\hat{\sigma}_A^2$, $\hat{\sigma}_B^2$ は,それぞれ,bandwidth を 100, 500 として Parzen のウインドウを使って計算した.価格変化率の 2 乗の 1 次の標本自己相関係数は 0.1837.

でも得られている.

3.7.5 項の (3.116)–(3.118) 式は,(3.67′)–(3.69′) 式からなる DBM モデルの下で,価格変化率の 2 乗と取引高の相関係数,価格変化率の 2 乗の 1 次の自己相関係数,取引高の 1 次の自己相関係数がそれぞれどのように表されるかを示したものである.表 3.3 には MCMC 法によってサンプリングした DBM モデルのパラメータの値を (3.116)–(3.119) 式に代入することによって計算した価格変化率の 2 乗と取引高の相関係数,価格変化率の 2 乗の 1 次の自己相関係数,取引高の 1 次の自己相関係数それぞれの平均,標準誤差,95%信用区間,CD 統計量も示されている.

DBM モデルにおける価格変化率の 2 乗の 1 階の自己相関係数の事後平均および 95%信用区間はそれぞれ 0.0467 と [0.0374, 0.0593] であり,SV モデルの 0.1546, [0.0975, 0.2358] を下回っている.その結果,標本から計算される価格変化率の 2 乗の 1 階の自己相関係数の値 0.1837 は,DBM モデルの 95%信用区間の上限をはるかに越えてしまっている.すなわち,DBM モデルは価格変化率の 2 乗の自己相関を実際よりも過小評価してしまうということである.標本から計算される取引高の 1 階の自己相関係数および価格変化率の 2 乗と取引高の相関係数の値はそれぞれ 0.6999 と 0.2473 であり,それらはどちらも DBM モデルの 95%信用区間に含まれている.

表 3.3 DBM モデルのベイズ推定

パラメータ	平均	標準誤差	95%信用区間	CD
ϕ	0.7991	0.0018	[0.7359, 0.8566]	0.55
σ_η	0.2190	0.0010	[0.1935, 0.2496]	-0.75
σ_r	1.1881	0.0027	[1.1198, 1.2612]	0.19
μ_v	2.6501	0.0117	[2.4590, 2.8513]	-0.08
σ_v	0.3768	0.0031	[0.2967, 0.4472]	0.80
$\sigma_\eta^2/(1-\phi^2)$	0.1346	0.0003	[0.1087, 0.1678]	-1.11
$\mathrm{Corr}(R_t^2, R_{t-1}^2)$	0.0467	0.0001	[0.0374, 0.0593]	-0.70
$\mathrm{Corr}(V_t, V_{t-1})$	0.6949	0.0009	[0.6393, 0.7539]	-0.75
$\mathrm{Corr}(R_t^2, V_t)$	0.2282	0.0004	[0.2030, 0.2559]	-1.14

*標準誤差は平均の標準偏差を表し，Shephard/Pitt [1997] に従い，Parzen のウインドウを使って計算したものである（bandwidth は 1000 とした）．CD は Geweke [1992] によって提案された MCMC の収束の検定統計量を表し，(3.79) 式を使って計算されたものである．$n_A = 1000$, $n_B = 5000$ とし，$\hat{\sigma}_A^2$, $\hat{\sigma}_B^2$ は，それぞれ，bandwidth を 100, 500 として Parzen のウインドウを使って計算した．価格変化率の 2 乗の 1 次の標本自己相関係数は 0.1837．取引高の 1 次の標本自己相関係数は 0.6999．価格変化率の 2 乗と取引高の標本相関係数は 0.2473．

c. 拡張された DBM モデル

DBM モデルは，価格変化率のボラティリティと取引高の期待値が 1 日の取引回数（あるいは，市場に入ってくる情報量）を表す潜在変数 I_t によって決定されるというモデルである．そこでは，価格変化率の 2 乗と取引高との相関，価格変化率の 2 乗および取引高の自己相関すべてが I_t の変動によって生じる．

DBM モデルで，価格変化率の 2 乗と取引高の相関および取引高の 1 階の自己相関はうまく捉えられている一方で，価格変化率の 2 乗の自己相関が捉え切れないのは，価格変化率の 2 乗と取引高との相関，価格変化率の 2 乗および取引高の自己相関をすべて I_t の変動だけに帰着させようとしているからであると考えられる．例えば，ボラティリティだけに影響を与えるような潜在変数 $\{J_t\}$ を加えてやると，価格変化率の 2 乗と取引高との相関，価格変化率の 2 乗および取引高の自己相関すべてをうまく捉えることができるかもしれない．

そこで，さらに，DBM モデルにそうした J_t を加えて推定を行った．J_t の変動も，I_t 同様，AR(1) モデルで記述されるものとする[*30]．すなわち，ここ

[*30)] Liesenfeld [1998] も同様なモデルを推定している．ただし，そこでは，J_t を次式のように過去の価格変化率の絶対値の関数として定式化している．μ_r は価格変化率の平均を表す．
$$\ln(J_t) = \sum_{j=1}^{5} \alpha_j |R_{t-j} - \mu_r|$$

で推定したのは次のようなモデルである．

$$R_t = \sigma_r \sqrt{I_t J_t} z_{rt}, \quad z_{rt} \sim \text{i.i.d.} N(0,1) \tag{3.80}$$

$$V_t = \mu_v I_t + \sigma_v \sqrt{I_t} z_{vt}, \quad z_{vt} \sim \text{i.i.d.} N(0,1) \tag{3.81}$$

$$\ln(I_t) = \phi \ln(I_{t-1}) + \eta_t, \quad \eta_t \sim \text{i.i.d.} N(0, \sigma_\eta^2) \tag{3.82}$$

$$\ln(J_t) = \rho \ln(J_{t-1}) + \xi_t, \quad \xi_t \sim \text{i.i.d.} N(0, \sigma_\xi^2) \tag{3.83}$$

ただし，z_{rt}, z_{vt}, η_t, ξ_t は互いに独立であり，かつ，過去と独立であると仮定する．

このモデルをベイズ推定するためには，$\{I_t\}_{t=1}^T$ に加えて，$\{J_t\}_{t=1}^T$ もサンプリングしなければならないが，ここでは，$\{J_t\}_{t=1}^T$ についても $\{I_t\}_{t=1}^T$ とまったく同様な方法でサンプリングを行った．

推定結果は表3.4にまとめられている．ϕ の事後平均と95%信用区間は0.7963と [0.7351,0.8545]，σ_η の事後平均と95%信用区間は0.2205と [0.1925,0.2493]，$\ln(I_t)$ の無条件分散 $\sigma_\eta^2/(1-\phi^2)$ の事後平均と95%信用区間は0.1347と [0.1098,0.1675] であり，これらは，潜在変数が I_t だけの場合のDBMモデルとほとんど変わらない．

ρ の事後平均と95%信用区間は，それぞれ，0.9671と [0.9287,0.9938] であり，このことから，新たに導入した価格変化率のボラティリティにのみ影響を与える潜在変数も高い自己相関をもっていることがわかる．もし，価格変化率のボラティリティの高い自己相関がボラティリティと取引高の両方に影響を与える1つの潜在変数 I_t だけで完全に説明されるとすると，ボラティリティだけに影響を与える潜在変数 J_t はもはや自己相関をもたないはずである．にもかかわらず，J_t が高い自己相関をもっているということは，価格変化率のボラティリティの自己相関がボラティリティと取引高の両方に影響を与える1つの潜在変数 I_t だけでは完全に説明されないということを意味している[*31]．また，σ_ξ の事後平均と95%信用区間は0.1638と [0.0934,0.2434]，$\ln(J_t)$ の無条件分散 $\sigma_\xi^2/(1-\rho^2)$ の事後平均と95%信用区間は0.5307と [0.2374,1.2131] であり，価格変化率のボラティリティにのみ影響を与える潜在変数はボラティリティと取引高の両方に影響を与える潜在変数よりも変動が大きいことがわかる．

[*31)] Lamoureux/Lastrapes [1994] や Liesenfeld [1998] も同様な結果を得ている．

3.6 資産価格と取引高の動学的2変量分布混合モデル

表 3.4 拡張された DBM モデルのベイズ推定

パラメータ	平均	標準誤差	95%信用区間	CD
ϕ	0.7963	0.0016	[0.7351, 0.8545]	-0.37
ρ	0.9671	0.0018	[0.9287, 0.9938]	0.78
σ_η	0.2205	0.0010	[0.1925, 0.2493]	0.46
σ_ξ	0.1638	0.0052	[0.0934, 0.2434]	-0.58
σ_r	1.0897	0.0118	[0.8579, 1.4081]	-1.33
μ_v	2.6530	0.0111	[2.4755, 2.8426]	0.67
σ_v	0.3713	0.0025	[0.2971, 0.4380]	-0.43
$\sigma_\eta^2/(1-\phi^2)$	0.1347	0.0003	[0.1098, 0.1675]	0.58
$\sigma_\xi^2/(1-\rho^2)$	0.5307	0.0136	[0.2374, 1.2131]	-0.11
$\mathrm{Corr}(R_t^2, R_{t-1}^2)$	0.1674	0.0011	[0.1182, 0.2556]	-0.29
$\mathrm{Corr}(V_t, V_{t-1})$	0.6949	0.0006	[0.6389, 0.7535]	0.43
$\mathrm{Corr}(R_t^2, V_t)$	0.1672	0.0007	[0.1079, 0.2046]	0.73

*標準誤差は平均の標準偏差を表し,Shephard/Pitt [1997] に従い,Parzen のウインドウを使って計算したものである(bandwidth は 1000 とした).CD は Geweke [1992] によって提案された MCMC の収束の検定統計量を表し,(3.79) 式を使って計算されたものである.$n_A = 1000$,$n_B = 5000$ とし,$\hat{\sigma}_A^2$,$\hat{\sigma}_B^2$ は,それぞれ,bandwidth を 100,500 として Parzen のウインドウを使って計算した.価格変化率の 2 乗の 1 次の標本自己相関係数は 0.1837.取引高の 1 次の標本自己相関係数は 0.6999.価格変化率の 2 乗と取引高の標本相関係数は 0.2473.

3.7.5 項の (3.119)-(3.121) 式は,(3.80)-(3.83) 式からなる拡張された DBM モデルの下で,価格変化率の 2 乗と取引高の相関係数,価格変化率の 2 乗の 1 次の自己相関係数,取引高の 1 次の自己相関係数がそれぞれどのように表されるかを示したものである.表 3.4 には,これらの式を使って計算した価格変化率の 2 乗の 1 次の自己相関係数,取引高の 1 次の自己相関係数,価格変化率の 2 乗と取引高の相関係数それぞれの平均,標準誤差,95%信用区間,CD 統計量も示されている.価格変化率の 2 乗の 1 次の自己相関係数の 95%信用区間は [0.1182,0.2556] であり,その標本自己相関係数 0.1837 を含んでいる.また,取引高の 1 次の自己相関係数の 95%信用区間 [0.6389,0.7535] もその標本自己相関係数 0.6999 を含んでいる.しかし,価格変化率の 2 乗と取引高の相関係数の 95%信用区間は [0.1079,0.2046] であり,その標本相関係数 0.2473 を含んでいない.

3.6.5 その他のモデル

前項で紹介した Watanabe [2000a] の結果は，日経 225 先物の価格変化率のボラティリティと取引高の変動は Tauchen/Pitts [1983] ではうまく捉えられないというものであった．また，Tauchem/Pitts [1983] モデルでは，投資家が効用最大化を行っておらず，ただ単に (3.60) 式のようなアド・ホックな需要関数を仮定していることから，理論的にも不満が残る．

これに対して，Andersen [1996] は，Glosten/Milgrom [1985] や Kyle [1985] のマイクロストラクチャー・モデルに基づいた新たな分布混合モデルを提案している．具体的には，新たに入ってきた情報に反応して効用最大化を行い注文を出す投資家と，liquidity trader とよばれる情報とは無関係にランダムに注文を出す投資家からなるモデルを考え，その結果，価格変化率 R_t の変動は，Tauchen/Pitts [1983] モデル同様，(3.67) 式で与えられるが，取引高 V_t の変動は次のようなポアソン分布に従うことになる（導出は省略する）．

$$V_t|I_t \sim Po(m_0 + m_1 I_t) \tag{3.84}$$

ここで，ポアソン分布のパラメータ $m_0 + m_1 I_t$ のうち，m_0 は情報に依存しない liquidity trader によって生じる取引高，$m_1 I_t$ は新たな情報の流入によって生じる取引高に対応する．

Watanabe [2000a] では，Andersen [1996] モデルについてもベイズ推定しており，このモデルもやはり日経 225 先物の価格変化率のボラティリティと取引高の変動をうまく捉えられないという結果を得ている．Liesenfeld [1998] でも同様な結果が得られている．

3.7 補　　論

3.7.1 $\ln(z_t^2)$ の平均と分散

確率変数のモーメントは，積率母関数を用いると簡単に計算できる．x を確率変数，t を実数とするとき，$\exp(tx)$ の期待値 $\mathrm{E}(\exp(tx))$ を x の積率母関数という．この積率母関数を t に関して n 階微分し，$t=0$ とおくと，$\mathrm{E}(x^n)$ が求まる．混乱を避けるため，以下では，z_t の添字 t は省略する．

$\ln(z^2)$ の積率母関数は，

$$\mathrm{E}(\exp(t\ln(z^2))) = \mathrm{E}((z^2)^t) \tag{3.85}$$

である.z が標準正規分布に従うとすると,z^2 は自由度 1 のカイ 2 乗分布に従う.そこで,z^2 の積率母関数は,$t < 1/2$ において,

$$\mathrm{E}(\exp(tz^2)) = (1 - 2t)^{-1/2} \tag{3.86}$$

で与えられる(岩田 [1983, p.128] 参照).これを n 回微分し,$t = 0$ とおくと,

$$\mathrm{E}((z^2)^n) = \left.\frac{d^n \mathrm{E}(\exp(tz^2))}{dt^n}\right|_{t=0} = 2^n \prod_{k=0}^{n-1} \left(k + \frac{1}{2}\right) \tag{3.87}$$

が得られる.ここで,$\Gamma(\cdot)$ をガンマ関数とし,

$$\Gamma\left(n + \frac{1}{2}\right) = \prod_{k=0}^{n-1} \left(k + \frac{1}{2}\right) \Gamma\left(\frac{1}{2}\right) \tag{3.88}$$

である[*32]ことを使うと,(3.87) 式は,

$$\mathrm{E}((z^2)^n) = \left.\frac{d^n \mathrm{E}(\exp(tz^2))}{dt^n}\right|_{t=0} = \frac{2^n \Gamma\left(n + \frac{1}{2}\right)}{\Gamma\left(\frac{1}{2}\right)} \tag{3.89}$$

と書き換えられる.したがって,$\ln(z^2)$ の積率母関数は,

$$\mathrm{E}(\exp(t\ln(z^2))) = \mathrm{E}((z^2)^t) = \frac{2^t \Gamma\left(t + \frac{1}{2}\right)}{\Gamma\left(\frac{1}{2}\right)} \tag{3.90}$$

と表せ,

$$\begin{aligned}
\mathrm{E}(\ln(z^2)) &= \left.\frac{d\mathrm{E}(\exp(t\ln(z^2)))}{dt}\right|_{t=0} \\
&= \left.\frac{d\mathrm{E}(\exp(t\ln(z^2)))}{dt} \middle/ \mathrm{E}(\exp(t\ln(z^2)))\right|_{t=0} \\
&= \left.\frac{d\ln\mathrm{E}(\exp(t\ln(z^2)))}{dt}\right|_{t=0} \\
&= \ln 2 + \Gamma'\left(\frac{1}{2}\right) \middle/ \Gamma\left(\frac{1}{2}\right) \\
&= \ln 2 + \psi\left(\frac{1}{2}\right)
\end{aligned} \tag{3.91}$$

が得られる.ここで,$\psi(z) \equiv \Gamma'(z)/\Gamma(z)$ はプサイ(または,ディガンマ)関数とよばれるもので,$\psi\left(\frac{1}{2}\right) = -\gamma - 2\ln 2$ である.ただし,$\gamma(= \psi(1))$ はオ

[*32] 岩田 [1983, pp.127–128] の (10),(11) 式参照.

イラーの定数とよばれるもので，約 -0.577 である[*33]．

以上より，
$$\mathrm{E}(\ln(z^2)) = -\gamma - \ln 2 \approx -1.27 \tag{3.92}$$

次に，
$$\left.\frac{d^2 \ln \mathrm{E}(\exp(t\ln(z^2)))}{dt^2}\right|_{t=0}$$
$$= \left.\frac{d^2 \mathrm{E}(\exp(t\ln(z^2)))}{dt^2} \middle/ \mathrm{E}(\exp(t\ln(z^2)))\right|_{t=0}$$
$$- \left(\left.\frac{d\mathrm{E}(\exp(t\ln(z^2)))}{dt} \middle/ \mathrm{E}(\exp(t\ln(z^2)))\right|_{t=0}\right)^2$$
$$= \left.\frac{d^2 \mathrm{E}(\exp(t\ln(z^2)))}{dt^2}\right|_{t=0} - \left(\left.\frac{d\mathrm{E}(\exp(t\ln(z^2)))}{dt}\right|_{t=0}\right)^2$$
$$= \mathrm{E}((\ln(z^2))^2) - \{\mathrm{E}(\ln(z^2))\}^2$$
$$= \mathrm{Var}(\ln(z^2)) \tag{3.93}$$

となるので，
$$\mathrm{Var}(\ln(z^2)) = \left.\frac{d^2 \ln \mathrm{E}(\exp(t\ln(z^2)))}{dt^2}\right|_{t=0}$$
$$= \psi'\left(\frac{1}{2}\right)$$
$$= \pi^2/2 \tag{3.94}$$

3.7.2　$\ln(z_t^2)$ の確率密度関数の導出

z が標準正規分布に従うとすると，z の確率密度関数は，
$$f(z) = \frac{1}{\sqrt{2\pi}} \exp\left(-\frac{z^2}{2}\right) \tag{3.95}$$

である．$f(z)$ は確率密度関数であり，かつ偶関数であるので，
$$\int_0^\infty 2f(z)dz = 1 \tag{3.96}$$

が成り立つ．ここで，$y = \ln(z^2)$ としよう．y の最小値 $-\infty$ は $z=0$ に対応することに注意し，(3.96)式を書き換えると，

[*33)] Abramowitz/Stegun [1970] の 6.3.1, 6.3.3 および Table 6.1 参照．

$$\int_{-\infty}^{\infty} 2f\left(\exp\left(\frac{y}{2}\right)\right)\frac{dz}{dy}dy = 1 \tag{3.97}$$

となる. y の確率密度関数を $g(y)$ とすると,

$$\int_{-\infty}^{\infty} g(y)dy = 1 \tag{3.98}$$

が成り立たなければならない. (3.97) 式と (3.98) 式を比べると,

$$g(y) = 2f\left(\exp\left(\frac{y}{2}\right)\right)\frac{dz}{dy} \tag{3.99}$$

であることがわかる.

$$\frac{dz}{dy} = \frac{d\exp(y/2)}{dy} = \frac{\exp(y/2)}{2} \tag{3.100}$$

と, (3.95) を (3.99) 式に代入すると,

$$g(y) = \frac{1}{\sqrt{2\pi}}\exp\left(-\frac{\exp(y)}{2}\right)\exp\left(\frac{y}{2}\right) \tag{3.101}$$

が得られる.

3.7.3　Simulation smoother

de Jong/Shephard [1995] は, 線形状態空間モデルにおいて, 観測方程式または遷移方程式の誤差項をサンプリングする simulation smoother を提案している. それによると, (3.58), (3.59) 式からなる線形状態空間モデルにおいて, 遷移方程式の誤差項 $\{\eta_s\}_{s=t}^{t+k}$ をサンプリングするためには, 次のようにすればよい. まず, $a_t = \phi h_{t-1}$, $P_t = \sigma_\eta^2$ からスタートして, 次のフィルタを $i = 0, 1, \ldots, k$ の順に逐次的に解くことにより, e_{t+i}, D_{t+i}, K_{t+i} ($i = 0, 1, \ldots, k$) を計算する.

$$e_{t+i} = \hat{\epsilon}_{t+i} - a_{t+i} \tag{3.102}$$

$$D_{t+i} = P_{t+i} + v_{t+i} \tag{3.103}$$

$$K_{t+i} = \phi P_{t+i}/D_{t+i} \tag{3.104}$$

$$L_{t+i} = \phi - K_{t+i} \tag{3.105}$$

$$a_{t+i+1} = \phi a_{t+i} + K_{t+i}e_{t+i} \tag{3.106}$$

$$P_{t+i+1} = \phi P_{t+i}L_{t+i} + \sigma_\eta^2 \tag{3.107}$$

次に, $U_{t+k} = 0$, $r_{t+k} = 0$ からスタートし, 上のフィルタにより計算された e_{t+i}, D_{t+i}, K_{t+i} ($i = 0, 1, \ldots, k$) の値を使って, 次のような平滑化を

$i = k, k-1, \ldots, 0$ の順に逐次的に解けば，$\{\eta_s\}_{s=t}^{t+k}$ をサンプリングできる．

$$C_{t+i} = \sigma_\eta^2 - \sigma_\eta^2 U_{t+i} \sigma_\eta^2 \tag{3.108}$$

$$\xi_{t+i} \sim N(0, C_{t+i}) \tag{3.109}$$

$$\eta_{t+i} = \sigma_\eta^2 r_{t+i} + \xi_{t+i} \tag{3.110}$$

$$V_{t+i} = \sigma_\eta^2 U_{t+i} L_{t+i} \tag{3.111}$$

$$r_{t+i-1} = e_{t+i}/D_{t+i} + L_{t+i} r_{t+i} - V_{t+i}\xi_{t+i}/C_{t+i} \tag{3.112}$$

$$U_{t+i-1} = 1/D_{t+i} + L_{t+i}^2 U_{t+i} + V_{t+i}^2/C_{t+i} \tag{3.113}$$

ここで，(3.109) 式は，ξ_{t+i} を平均 0，分散 C_{t+i} の正規分布からサンプリングするという意味である．

3.7.4 DBM モデルのパラメータの条件付き分布

DBM モデルのパラメータの条件付き分布は次のように計算される．

1) $\mu_v|\cdot \sim N\left(\dfrac{\sum_{t=1}^T V_t}{\sum_{t=1}^T \exp(h_t)}, \dfrac{\sigma_v^2}{\sum_{t=1}^T \exp(h_t)}\right) I[0, \infty]$

2) $\phi|\cdot \sim N\left(\dfrac{\sum_{t=1}^T h_{t-1} h_t}{\sum_{t=1}^T h_{t-1}^2}, \dfrac{\sigma_\eta^2}{\sum_{t=1}^T h_{t-1} h_t}\right) I[-1, 1]$

3) $\sigma_r^{-2}|\cdot \sim \mathrm{Gamma}\left(\dfrac{T}{2}, \dfrac{2}{\sum_{t=1}^T R_t^2 \exp(-h_t)}\right)$

4) $\sigma_v^{-2}|\cdot \sim \mathrm{Gamma}\left(\dfrac{T}{2}, \dfrac{2}{\sum_{t=1}^T (V_t - \mu_t \exp(h_t))^2 \exp(-h_t)}\right)$

5) $\sigma_\eta^{-2}|\cdot \sim \mathrm{Gamma}\left(\dfrac{T}{2}, \dfrac{2}{\sum_{t=1}^T (h_t - \phi h_{t-1})^2}\right)$

3.7.5 価格変化率の 2 乗と取引高の相関係数および自己相関係数

SV モデル，DBM モデル，拡張された DBM モデルにおける価格変化率の 2 乗と取引高の相関係数および自己相関係数は以下のとおりである．導出には，$x \sim N(\mu, \sigma^2)$ であれば，$\mathrm{E}(X^r) = \exp(r\mu + r^2\sigma^2/2)$ であることを使えばよい．

SV モデル

$$\mathrm{Corr}(R_t^2, R_{t-1}^2) = \frac{\exp\left(\frac{\sigma_\eta^2}{1-\phi}\right) - \exp\left(\frac{\sigma_\eta^2}{1-\phi^2}\right)}{3\exp\left(\frac{2\sigma_\eta^2}{1-\phi^2}\right) - \exp\left(\frac{\sigma_\eta^2}{1-\phi^2}\right)} \tag{3.114}$$

DBM モデル

$$\mathrm{Corr}(R_t^2, R_{t-1}^2) = \frac{\exp\left(\frac{\sigma_\eta^2}{1-\phi}\right) - \exp\left(\frac{\sigma_\eta^2}{1-\phi^2}\right)}{3\exp\left(\frac{2\sigma_\eta^2}{1-\phi^2}\right) - \exp\left(\frac{\sigma_\eta^2}{1-\phi^2}\right)} \tag{3.115}$$

$$\mathrm{Corr}(V_t, V_{t-1})$$
$$= \frac{\mu_v^2\left[\exp\left(\frac{\sigma_\eta^2}{1-\phi}\right) - \exp\left(\frac{\sigma_\eta^2}{1-\phi^2}\right)\right]}{\mu_v^2\left[\exp\left(\frac{2\sigma_\eta^2}{1-\phi^2}\right) - \exp\left(\frac{\sigma_\eta^2}{1-\phi^2}\right)\right] + \sigma_v^2 \exp\left(\frac{\sigma_\eta^2}{2(1-\phi^2)}\right)} \tag{3.116}$$

$$\mathrm{Corr}(R_t^2, V_t)$$
$$= \frac{1}{\sqrt{3\exp\left(\frac{2\sigma_\eta^2}{1-\phi^2}\right) - \exp\left(\frac{\sigma_\eta^2}{1-\phi^2}\right)}}$$
$$\times \frac{\mu_v\left[\exp\left(\frac{2\sigma_\eta^2}{1-\phi^2}\right) - \exp\left(\frac{\sigma_\eta^2}{1-\phi^2}\right)\right]}{\sqrt{\mu_v^2\left[\exp\left(\frac{2\sigma_\eta^2}{1-\phi^2}\right) - \exp\left(\frac{\sigma_\eta^2}{1-\phi^2}\right)\right] + \sigma_v^2 \exp\left(\frac{\sigma_\eta^2}{2(1-\phi^2)}\right)}} \tag{3.117}$$

拡張された DBM モデル

$$\mathrm{Corr}(R_t^2, R_{t-1}^2)$$
$$= \frac{\exp\left(\frac{\sigma_\eta^2}{1-\phi} + \frac{\sigma_\xi^2}{1-\rho}\right) - \exp\left(\frac{\sigma_\eta^2}{1-\phi^2} + \frac{\sigma_\xi^2}{1-\rho^2}\right)}{3\exp\left(2\left(\frac{\sigma_\eta^2}{1-\phi^2} + \frac{\sigma_\xi^2}{1-\rho^2}\right)\right) - \exp\left(\frac{\sigma_\eta^2}{1-\phi^2} + \frac{\sigma_\xi^2}{1-\rho^2}\right)} \tag{3.118}$$

$$\mathrm{Corr}(V_t, V_{t-1})$$
$$= \frac{\mu_v^2\left[\exp\left(\frac{\sigma_\eta^2}{1-\phi}\right) - \exp\left(\frac{\sigma_\eta^2}{1-\phi^2}\right)\right]}{\mu_v^2\left[\exp\left(\frac{2\sigma_\eta^2}{1-\phi^2}\right) - \exp\left(\frac{\sigma_\eta^2}{1-\phi^2}\right)\right] + \sigma_v^2 \exp\left(\frac{\sigma_\eta^2}{2(1-\phi^2)}\right)} \tag{3.119}$$

$\mathrm{Corr}(R_t^2, V_t)$

$$= \frac{1}{\sqrt{3\exp\left(2\left(\frac{\sigma_\eta^2}{1-\phi^2} + \frac{\sigma_\xi^2}{1-\rho^2}\right)\right) - \exp\left(\frac{\sigma_\eta^2}{1-\phi^2} + \frac{\sigma_\xi^2}{1-\rho^2}\right)}}$$

$$\times \frac{\mu_v \exp\left(\frac{\sigma_\xi^2}{2(1-\rho^2)}\right)\left[\exp\left(\frac{2\sigma_\eta^2}{1-\phi^2}\right) - \exp\left(\frac{\sigma_\eta^2}{1-\phi^2}\right)\right]}{\sqrt{\mu_v^2\left[\exp\left(\frac{2\sigma_\eta^2}{1-\phi^2}\right) - \exp\left(\frac{\sigma_\eta^2}{1-\phi^2}\right)\right] + \sigma_v^2 \exp\left(\frac{\sigma_\eta^2}{2(1-\phi^2)}\right)}}$$

(3.120)

あ と が き

　本書では，ARCH 型モデルおよび SV モデルといったボラティリティ変動モデルの最近の発展についての概観を行った．そこでみたように，これまでのところ，ARCH 型モデルと SV モデルはそれぞれ独立して研究が進んでいる状況である．今後は，ARCH 型モデルと SV モデルの間でも，どちらがより現実のデータの動きを捉えられるか，また，将来のボラティリティを予測するうえでどちらがよりパフォーマンスが良いかといった比較を行うことが必要であろう（Deb [1997] は，SV モデルから発生させた収益率を用いてボラティリティを推定するというモンテカルロ実験を行い，GMM や QMLE によって推定するよりも ARCH 型モデルを使って推定したほうがパフォーマンスが良いという結果を得ている．また，Kim/Shephard/Chib [1998] も GARCH モデルと SV モデルの比較を行っている）．

　また，本書では，1 変量の ARCH 型モデル，SV モデルに話を限定したが，これを多変量モデルに拡張して複数の資産の収益率のボラティリティおよび共分散の変動について分析するということも重要である（ARCH 型モデルの多変量への拡張については，Bollerslev/Engle/Nelson [1994, pp.3002–3010] を，SV モデルの多変量への拡張については，Harvey/Ruiz/Shephard [1994]，Pitt/Shephard [1999] を参照のこと）．ARCH 型モデルを多変量モデルに拡張した場合，推定しなければならないパラメータの数が増えるので，最尤法による推定はかなりの時間を要し実用的でない．パラメータの数ができるだけ少なくなるようモデルを簡単化するか，最尤法に代わる推定法を考える必要がある．例えば，多変量 ARCH 型モデルの 1 つに Engle/Ng/Rothschild

[1990] らによって提案された factor ARCH モデルがあるが，これを用いると大幅にパラメータの数を減らすことが可能である[*1]．

最後に，オプションの理論価格の導出に通常用いられる Black/Scholes [1973] の公式は満期までのボラティリティが一定であるとの仮定の下で導かれるものである．ARCH 型モデルや SV モデルの下でのオプション価格の研究には，Hull/White [1987], Johnson/Shanno [1987], Scott [1987], Chesney/Scott [1989], Wiggins [1987], Melino/Turnbull [1990], Amin/Ng [1993], Heston [1993], Noh/Engle/Kane [1994], Duan [1995], Bakshi/Cao/Chen [1997], Kallen/Taqqu [1998], Ritchken/Trevor [1999] などがあるが，こうした研究も今後さらなる発展が望まれる[*2]．

[*1] factor ARCH モデルを株式収益率の分析に応用したものには，Ng/Engle/Rothshjild [1992] がある．
[*2] SV, GARCH モデルの下での日経 225 オプション価格の実証分析に，三井 [1998,2000] がある．

参 考 文 献

1) 池田昌幸 [1988]「曜日効果と分布混合仮説」『ファイナンス研究』No.8, 27-53.
2) 岩田曉一 [1983]『経済分析のための統計的方法』(第2版) 東洋経済新報社.
3) 大森裕浩 [1996]「マルコフ連鎖モンテカルロ法」千葉大学『経済研究』第10巻, 第4号, 237-287.
4) 加藤清 [1990]『株価変動とアノマリー』日本経済新聞社.
5) 鈴木雪夫・国友直人編 [1989]『ベイズ統計学とその応用』東京大学出版会.
6) 畠中道雄 [1996]『計量経済学の方法』創文社.
7) 羽森茂之 [1996]『消費者行動と日本の資産市場』東洋経済新報社.
8) 樋口勝彦 [1996]「先物市場規制の影響 (更新値幅・更新時間を中心に)」大阪証券取引所『先物・オプション レポート』7月号, 2-5.
9) 前田文彬 [2000]『金融工学の救世主』日本評論社.
10) 三井秀俊 [1998]「日経225株価指数とオプション価格の確率的分散変動モデルによる分析」『ファイナンス研究』No.24, 23-40.
11) 三井秀俊 [2000]「日経225株価指数オプション価格のGARCHモデルによる分析」『現代ファイナンス』No.7, 57-73
12) 山本拓 [1988]『経済の時系列分析』創文社.
13) 渡部敏明 [1995]「日本の株式収益率のボラティリティーと系列相関」『MTECジャーナル』第8号, 12月, 24-43.
14) 渡部敏明 [1996]「株価の時系列分析と国際的連動性」河合正弘+QUICK総合研究所アジア金融研究会編著『アジアの金融・資本市場』第8章, 185-208, 日本経済新聞社.
15) 渡部敏明 [1997]『日本の株式市場におけるボラティリティの変動：ARCH型モデルによる分析』三菱経済研究所.
16) 渡部敏明 [1998]「ボラティリティ変動モデルの発展と株式収益率データへの応用」『現代ファイナンス』No.3, 15-41.
17) 渡部敏明 [1999a]『確率的ボラティリティ変動モデル』三菱経済研究所.
18) 渡部敏明 [1999b]「日経225先物価格と現物指数の変動の構造変化」建設省道路局 財団法人財政経済協会『マクロ経済の構造変化に関する調査研究』
19) 渡部敏明・大鋸崇 [1996]「日本の商品先物市場における価格のボラティリティと出来高および取組高との関係」『先物取引研究』第2巻, 第3号, No.4, 41-56.
20) Abramowitz, M., and N. Stegun [1970] *Handbook of Mathematical Functions*, Dover Publications.
21) Admati, A.R., and P. Pfleiderer [1988] "A Theory of Intraday Patterns: Volume and Price Variability," *Review of Financial Studies*, **1**, 1-40.
22) Akaike, H. [1973] "Information Theory and an Extension of the Maximum Likelihood Principle," in B. N. Petrov and F. Csáki (eds), *Second International Symposium on Information Theory*, Académiai Kiadó, 267-281.
23) Akgiray, V. [1989] "Conditional Heteroskedasticity in Time Series of Stock Returns: Evidence and Forecasts," *Journal of Business*, **62**, 55-80.
24) Amin, K.I., and V.K. Ng [1993] "Option Valuation with Systematic Stochastic Volatility," *Journal of Finance*, **48**, 881-910.

25) Andersen, T.G. [1996] "Return Volatility and Trading Volume: An Information Flow Interpretation of Stochastic Volatility," *Journal of Finance*, **51**, 169–204.
26) Andersen, T.G., and T. Bollerslev [1998] "Answering the Skeptics: Yes, Standard Volatility Models Do Provide Accurate Forecasts," *International Economic Review*, **39**, 885–905.
27) Andersen, T.G., H.-J. Chung, and B.E. Sørensen [1999] "Efficient Method of Moments Estimation of a Stochastic Volatiltiy Model: A Monte Carlo Study," *Journal of Econometrics*, **91**, 61–87.
28) Andersen, T.G., and B.E. Sørensen [1996] "GMM Estimation of a Stochastic Volatility Model: A Monte Carlo Study," *Journal of Business & Economic Statistics*, **14**, 328–352.
29) Asai, M. [1998] "A New Method to Estimate Stochastic Volatility Models: A Log-Garch Approach," *Journal of the Japan Statistical Society*, **28**, 101–114.
30) Asai, M. [1999] "Bayesian Analysis of Stochastic Volatility Models with Heavy-Tailed Distributions," *MTEC Journal*, **12**, 19–39.
31) Baek, E., and W. Brock [1992] "A General Test for Nonlinear Granger Causality: Bivariate Model," Working Paper, Iowa State University and University of Wisconsin, Madison.
32) Baillie, R.T. [1996] "Long Memory Processes and Fractional Integration in Econometrics," *Journal of Econometrics*, **73**, 5–59.
33) Baillie, R.T., T. Bollerslev, and H.O. Mikkelsen [1996] "Fractionally Integrated Generalized Autoregressive Conditionally Heteroskedasticity," *Journal of Econometrics*, **74**, 3–30.
34) Bakshi, G., C. Cao, and Z. Chen [1997] "Empirical Performance of Alternative Option Pricing Models," *Journal of Finance*, **52**, 2003–2049.
35) Bauwens L., and M. Lubrano [1998] "Bayesian Inference on GARCH Models using the Gibbs Sampler," *Econometrics Journal*, **1**, c23–c46.
36) Bauwens L., M. Lubrano, and J.-F. Richard [1999], *Bayesian Inference in Dynamic Econometric Models*, Oxford University Press.
37) Bera, A.K., and M.L. Higgins [1993] "On ARCH Models: Properties, Estimation and Testing," *Journal of Economic Surveys*, **7**, 305–366.
38) Beran, J. [1994] *Statistics for Long-Memory Processes*, Chapman & Hall.
39) Bessembinder, H., and P.J. Seguin [1993] "Price Volatility, Trading Volume, and Market Depth: Evidence from Futures Markets," *Journal of Financial and Quantitative Analysis*, **28**, 21–39.
40) Black, F. [1976] "Studies of Stock Market Volatility Changes," *1976 Proceedings of the American Statistical Association, Business and Economic Statistics Section*, 177–181.
41) Black, F., and M. Scholes [1973] "The Pricing of Options and Corporate Liabilities," *Journal of Political Economy*, **81**, 637–654.
42) Bollerslev, T. [1986] "Generalized Autoregressive Conditional Heteroskedasticity," *Journal of Econometrics*, **31**, 307–327.

43) Bollerslev, T. [1987] "A Conditional Heteroskedastic Time Series Model for Speculative Prices and Rates of Return," *Review of Economics and Statistics*, **69**, 542–547.
44) Bollerslev, T., R.Y. Chou, and K.F. Kroner [1992] "ARCH Modeling in Finance: A Review of the Theory and Empirical Evidence," *Journal of Econometrics*, **52**, 5–59.
45) Bollerslev, T., R.F. Engle, and D.B. Nelson [1994] "ARCH Models," in R. F. Engle and D.L. McFadden(eds), *The Handbook of Econometrics*, 4, North-Holland, 2959–3038.
46) Bollerslev, T., and H.O.A. Mikkelsen [1996] "Modeling and Pricing Long-Memory in Stock Market Volatility," *Journal of Econometrics*, **73**, 151–184.
47) Bollerslev, T., and J.M. Wooldridge [1992] "Quasi Maximum Likelihood Estimation and Inference in Dynamic Models with Time Varying Covariances," *Econometric Reviews*, **11**, 143–172.
48) Box, G.E.P., and G.M. Jenkins [1976] *Time Series Analysis: Forecasting and Control*, 2nd ed., Holden Day.
49) Box, G.E.P., and D.A. Pierce [1970] "Distribution of Residual Autocorrelation in Autoregressive Moving Average Time Series Models," *Journal of the American Statistical Association*, **65**, 1509–1526.
50) Box, G.E.P., and G.C. Tiao [1973] *Bayesian Inference in Statistical Analysis*, Addison-Welsley.
51) Breidt, F.J. [1996] "A Threshold Autoregressive Stochastic Volatility Model," Manuscript, Iowa State University.
52) Breidt, F.J., and A.L. Carriquiry [1996] "Improved Quasi-maximum Likelihood Estimation for Stochastic Volatility Models," in A. Zellner and J.S. Lee (eds) *Modelling and Prediction: Honouring Seymour Giesel*, Springer-Verlag.
53) Brock, W.A., W.D. Dechert, J.A. Scheinkman, and B. LeBaron [1996] "A Test for Independence Based on the Correlation Dimension," *Econometric Reviews*, **15**, 197–235.
54) Brock, W.A., and P.J.F. de Lima [1996] "Nonlinear Time Series, Complexity Theory, and Finance," in G.S. Maddala and C. Rao eds., *Handbook of Statistics*, **14**, North-Holland, 317–361.
55) Brock, W. A., D.A. Hsieh, and B. LeBaron [1991] *Nonlinear Dynamics, Chaos, and Instability*, MIT Press.
56) Buckus, D.K., and A.W. Gregory [1993] "Theoretical Relations between Risk Premiums and Conditional Variances," *Journal of Business & Economic Statistics*, **11**, 177–180.
57) Campbell, J.Y., S.J. Grossman, and J. Wang [1993] "Trading Volume and Serial Correlation in Stock Returns," *Quarterly Journal of Economics*, **108**, 905-939.
58) Campbell, J.Y., A.W. Lo, and A.C. Mackinlay [1997] *The Econometrics of Financial Markets*, Princeton University Press.
59) Carlin, B.P., and T.A. Louis [1996] *Bayes and Empirical Bayes Methods for Data*

Analysis, Chapman & Hall.
60) Casella, G., and E.I. George [1992] "Explaining the Gibbs Sampler," *American Statistician*, **46**, 167–174.
61) Chen, M.-H., Q.-M. Shao, and J.G. Ibrahim [2000] *Monte Carlo Methods in Bayesian Computation*, Springer-Verlag.
62) Chesney, M., and L.O. Scott [1989] "Pricing European Options: A Comparison of the Modified Black-Scholes Model and a Random Variance Model," *Journal of Financial and Quantitaive Analysis*, **24**, 267–284.
63) Chib, S., and E. Greenberg [1995] "Understanding the Metropolis-Hastings Algorithm," *American Statistician*, **49**, 327–335.
64) Chib, S., and E. Greenberg [1996] "Markov Chain Monte Carlo Simulation Methods in Econometrics," *Econometric Theory*, **12**, 409–431.
65) Chou, R.Y. [1987] "Volatility Persistence and Stock Returns-some Empirical Evidence Using GARCH," *Journal of Applied Econometrics*, **3**, 279–294.
66) Christie, A.A. [1982] "The Stochastic Behavior of Common Stock Variances: Value, Leverage, and Interest Rate Effects," *Journal of Financial Economics*, **10**, 407–432.
67) Clark, P. [1973] "A Subordinated Stochastic Process Model with Finite Variance for Speculative Process," *Econometrica*, **41**, 135–155.
68) Conrad, J., A. Hameed, and C. Niden [1994] "Volume and Autocovariance in Short-Horizon Individual Security Returns," *Journal of Finance*, **49**, 1305–1329.
69) Copeland, T.E. [1976] "A Model of Asset Trading under the Assumption of Sequential Information Arrival," *Journal of Finance*, **31**, 1149–1167.
70) Danielsson, J. [1994a] "Stochastic Volatility in Asset Prices: Estimation with Simulated Maximum Likelihood," *Journal of Econometrics*, **64**, 375–400.
71) Danielsson, J. [1994b] "Comment on Bayesian Analysis of Stochastic Volatility Models," *Journal of Business & Economic Statistics*, **12**, 393–395.
72) Danielsson, J., and J.-F. Richard [1993] "Acceralated Gaussian Importance Sampler with Application to Dynamic Latent Variable Models," *Journal of Applied Econometrics*, **8**, 153–174.
73) Day, T., and C.M. Lewis [1992] "Stock Market Volatility and the Information Content of Stock Index Options," *Journal of Econometrics*, **52**, 267–287.
74) Deb, P. [1997] "Finite Sample Properties of the ARCH Class of Models with Stochastic Volatility," *Economics Letters*, **55**, 27–34.
75) de Jong, P., and N. Shephard [1995] "The Simulation Smoother for Time Series Models," *Biometrika*, **82**, 339–350.
76) Devroye, L. [1986] *Non-uniform Random Variate Generation*, Springer-Verlag.
77) Diebold, F.X. [1986] "Modeling the Persistence of Conditional Variances: A Comment," *Econometric Reviews*, **5**, 51–56.
78) Diebold, F.X. [1988] *Empirical Modeling of Exchange Rate Dynamics*, Springer-Verlag.
79) Diebold, F.X., and J.A. Lopez [1995] "Modeling Volatility Dynamics [with Comments]," in K.D. Hoover (eds), *Macroeconometrics*, 427–472, Kluwer Academic

Publishers.
80) Ding, Z., C.W.J. Granger, and R.F.Engle [1993] "A Long Memory Property of Stock Market Returns and a New Model," *Journal of Empirical Finance*, **1**, 83–106.
81) Duan, J.-C. [1995] "The GARCH Option Pricing Model," *Mathematical Finance*, **5**, 13–32.
82) Duffie, D., and K. Singleton [1993] "Simulated Moments Estimation of Markov Models of Asset Prices," *Econometrica*, **61**, 929–952.
83) Dunsmuir, W. [1979] "A Central Limit Theorem for Parameter Estimation in Stationary Vector Time Series and its Applications to Models for a Signal Observed with Noise," *Annals of Statistics*, **7**, 490–506.
84) Engle, R.F. [1982] "Autoregressive Conditional Heteroskedasticity with Estimates of the Variance of United Kingdom Inflation," *Econometrica*, **50**, 987–1007.
85) Engle, R.F. [1990] "Discussion: Stock Market Volatility and the Crash of 87," *Review of Financial Studies*, **3**, 103–106.
86) Engle, R. F., and T. Bollerslev [1986] "Modeling the Persistence of Conditional Variances" *Econometric Reviews*, **5**, 1-50, 81-87.
87) Engle, R.F., and G.G.J. Lee [1999] "A Long-Run and Short-Run Component Model of Stock Return Volatility," in R. Engle and H. White (eds) Cointegration, Causality and Forecasting, Oxford University Press, 475–497.
88) Engle, R.F., D.M. Lilien, and R.P. Robins [1987] "Estimating Time Varying Risk Premia in the Term Structure: The ARCH-M Model," *Econometrica*, **55**, 391–407.
89) Engle, R.F., and V.K. Ng [1993] "Measuring and Testing the Impact of News on Volatility," *Journal of Finance*, **48**, 1749–1778.
90) Engle, R.F., V.K. Ng, and M. Rothschild [1990] "Asset Pricing with a Factor ARCH Covariance Structure: Empirical Estimates for Treasury Bills," *Journal of Econometrics*, **45**, 213–238.
91) Fama, E. [1965] "The Behavior of Stock Prices," *Journal of Business*, **38**, 34–105.
92) French, K.R. [1980] "Stock Returns and Weekend Effect," *Journal of Financial Economics*, **8**, 55–69.
93) French, K.R., and R. Roll [1986] "Stock Return Variances: The Arrival of Information and the Reaction of Traders," *Journal of Financial Economics*, **17**, 5–26.
94) French, K.R., G.W. Schwert, and R.F. Stambaugh [1987] "Expected Stock Returns and Volatility," *Journal of Financial Economics*, **19**, 3–29.
95) Fridman, M., and L. Harris [1998] "A Maximum Likelihood Approach for Non-Gaussian Stochastic Volatility Models," *Journal of Business & Economic Statistics*, **16**, 284–291.
96) Gallant, A.R., P.E. Rossi, and G. Tauchen [1992] "Stock Prices and Volume," *Review of Financial Studies*, **5**, 199–242.
97) Gamerman, D. [1997] *Markov Chain Monte Carlo*, Chapman & Hall.
98) Geweke, J. [1992] "Evaluating the Accuracy of Sampling-based Approaches to the Calculation of Posterior Moments," in J.M. Bernardo, J.O. Berger, A.P. Dawid,

and A.F.M. Smith (eds) *Bayesian Statistics*, **4**, Oxford University Press, 169–193.
99) Geweke, J. [1997] "Posterior Simulators in Econometrics," D.M. Kreps and K.F. Wallis (eds), *Advances in Economics and Econometrics: Theory and Applications, Seventh World Congress*, **3**, Cambridge University Press.
100) Geweke, J., and G. Zhou [1996] "Measuring the Pricing Error of the Arbitrage Pricing Theory," *Review of Financial Studies*, **9**, 557–587.
101) Ghysels, E., A. C. Harvey, and E. Renault [1996] "Stochastic Volatility," in G. S. Maddala, and C. R. Rao (eds), *Handbook of Statistics*, North-Holland, 119–191.
102) Gibbons, M.R., and P. Hess [1981] "Day of the Week Effects and Asset Returns," *Journal of Business*, **54**, 579–596.
103) Gilks, W.R., S. Richardson, and D.J. Spiegelhalter [1996] *Markov Chain Monte Carlo in Practice*, Chapman & Hall, London.
104) Glosten, L.R., R. Jagannathan, and D. Runkle [1993] "On the Relation between the Expected Value and the Volatility of Nominal Excess Returns on Stocks," *Journal of Finance*, **48**, 1779–1801.
105) Glosten, L. R., and P. R. Milgrom [1985] "Bid, Ask, and Transaction Prices in a Specialist Market With Heterogeneously Informed Traders," *Journal of Financial Economics*, **14**, 71–100.
106) Gordon, S., L. Samson, and B. Carmichael [1996] "Bayesian Estimation of Stochastic Discount Factors," *Journal of Business & Economic Statistics*, **14**, 412–420.
107) Gourieroux, C. [1997] *ARCH Models and Financial Applications*, Springer-Verlag, New York.
108) Gourieroux, C., A. Monfort, and E. Renault [1993] "Indirect Inference," *Journal of Applied Econometrics*, **8**, 85–118.
109) Hamao, Y., R.W. Masulis, and V. Ng [1990] "Correlations in Price Changes and Volatility across International Stock Markets," *Review of Financial Studies*, **3**, 281–307.
110) Hamilton, J.D. [1994a] *Time Series Analysis*, Princeton University Press.
111) Hamilton, J.D. [1994b] "State Space Models," in R.F. Engle and D.L. McFadden (eds) *Handbook of Econometrics*, **4**, North-Holland, 3039–3080.
112) Hamilton, J.D., and R. Susmel [1994] "Autoregressive Conditional Heteroskedasticity and Changes in Regime," *Journal of Econometrics*, **64**, 307–333.
113) Harris, L. [1986] "Cross-security Tests of the Mixture of Distributions Hypothesis," *Journal of Financial and Quantitative Analysis*, **21**, 39–46.
114) Harris, L. [1987] "Transactions Data Tests of the Mixture of Distributions Hypothesis," *Journal of Financial and Quantitative Analysis*, **22**, 127–141.
115) Harvey, A.C. [1981] *Time Series Models*, Philip Allan ; 国友直人・山本拓訳 [1985]『時系列モデル入門』東京大学出版会.
116) Harvey, A.C. [1989] *Forecasting, Structural Time Series Models and the Kalman Filter*, Cambridge University Press.
117) Harvey, A.C., E. Ruiz, and N. Shephard [1994] "Multivariate Stochastic Variance

Models," *Review of Economic Studies*, **61**, 247–264.
118) Harvey, A.C., and N. Shephard [1996] "Estimation of an Asymmetric Stochastic Volatility Model for Asset Returns," *Journal of Business & Economic Statistics*, **14**, 429–434.
119) Hentschel, L. [1995] "All in the Family Nesting Symmetric and Asymmetric GARCH Models," *Journal of Financial Economics*, **39**, 71–104.
120) Heston, S.L. [1993] "A Closed-form Solution for Options with Stochastic Volatility with Applications to Bond and Currency Options," *Review of Financial Studies*, **6**, 327–344.
121) Hiemstra, C., and J.D. Jones [1994] "Testing for Linear and Nonlinear Granger Causality in the Stock Price-volume Relation," *Journal of Finance*, **49**, 1639–1664.
122) Higgins, M.L., and A.K. Bera [1992] "A Class of Nonlinear ARCH Models," *International Economic Review*, **33**, 137–158.
123) Hsieh, D. [1991] "Chaos and Nonlinear Dynamics: Application to Financial Markets," *Journal of Finance*, **46**, 1839–1878.
124) Hsu, C. [1998] *Volume and the Nonlinear Dynamics of Stock Returns*, Lecture Notes in Economics and Mathematical Systems 457, Springer-Verlag.
125) Hull, J., and A. White [1987] "The Pricing of Options on Assets with Stochastic Volatilities," *Journal of Finance*, **42**, 281–300.
126) Jacquier, E., N.G. Polson, and P.E. Rossi [1994] "Bayesian Analysis of Stochastic Volatility Models," *Journal of Business & Economic Statistics*, **12**, 371–389.
127) Jaffe, J., and R. Westerfield [1985] "Patterns in Japanese Common Stock Returns: Day of the Week and Turn of the Year Effects," *Journal of Financial and Quantitative Analysis*, **20**, 261–272.
128) Jarque, C.M., and A.K. Bera [1987] "Test for Normality of Observations and Regression Residuals," *International Statistical Review*, **55**, 163–172.
129) Jazwinski, A.H. [1970] *Stochastic Processes and Filtering Theory*, Academic Press.
130) Jeffreys, H.S. [1961] *Theory of Probability*, 3rd Edition, Oxford University Press.
131) Johnson, H., and D. Shanno [1987] "Option Pricing When the Variance is Changing," *Journal of Financial Quantitative Analysis*, **22**, 143–151.
132) Kallen, J., and M. Taqqu [1998] "Option Pricing in ARCH-type Models," *Mathematical Finance*, **8**, 13–26.
133) Kandel, S., R. McCulloch, and R.F. Stambaugh [1995] "Bayesian Inference and Portofolio Efficiency," *Review of Economic Studies*, **8**, 1–53.
134) Karpoff, J.M. [1987] "The Relation between Price Changes and Trading Volume: A Survey," *Journal of Financial and Quantitative Analysis*, **22**, 109–126.
135) Keim, D., and R. Stambaugh [1984] "A Further Investigation of the Weekend Effect in Stock Returns," *Journal of Finance*, **39**, 819–834.
136) Kim, D., and S.J. Kon [1994] "Alternative Models for the Conditional Heteroskedasticity of Stock Returns," *Journal of Business*, **67**, 563–598.
137) Kim, S., N. Shephard, and S. Chib [1998] "Stochastic Volatility: Likelihood In-

ference and Comparison with ARCH Models," *Review of Economic Studies*, **65**, 361–393.

138) Kitagawa, G. [1987] "Non-Gaussian State-space Modeling of Nonstationary Time Series [with Discussion]," *Journal of the American Statistical Association*, **82**, 1032–1063.

139) Koutmos, G. [1997] "Feedback Trading and the Autocorrelation Pattern of Stock Returns: Further Empirical Evidence," *Journal of International Money and Finance*, **16**, 625–636.

140) Koutmos, G., and G.G. Booth [1995] "Asymmetric Volatility Transmission in International Stock Markets," *Journal of International Money and Finance*, **14**, 747–762.

141) Kyle, A. [1985] "Continuous Auctions and Insider Trading," *Econometrica*, **53**, 1315–1335.

142) Lamoureux, C.G., and W.D. Lastrapes [1990a] "Persistence in Variance, Structural Change and the GARCH Model," *Journal of Business & Economic Statistics*, **8**, 225–234.

143) Lamoureux, C.G., and W.D. Lastrapes [1990b] "Heteroskedasticity in Stock Returns Data: Volume versus GARCH Effects," *Journal of Finance*, **45**, 221–229.

144) Lamoureux, C.G., and W.D. Lastrapes [1993] "Forecasting Stock-Return Variance: Towards an Understanding of Stochastic Implied Volatilities," *Review of Financial Studies*, **6**, 293–326.

145) Lamoureux, C.G., and W.D. Lastrapes [1994] "Endogenous Trading Volume and Momentum in Stock-Return Volatility," *Journal of Business & Economic Statistics*, **12**, 253–260.

146) Lamoureux, C.G., and G. Zhou [1996] "Temporary Components of Stock Returns: What do the Data Tell Us?" *Review of Financial Studies*, **9**, 1033–1059.

147) LeBaron, B. [1992] "Some Relations between Volatility and Serial Correlations in Stock Market Returns," *Journal of Business*, **65**, 199–219.

148) Lee, S.W., and B.E. Hansen [1994] "Asymptotic Theory for the GARCH(1,1) Quasi-Maximum Likelihood Estimator," *Econometric Theory*, **10**, 29–52.

149) Liesenfeld, R. [1998] "Dynamic Bivariate Mixture Models: Modeling the Behavior of Prices and Trading Volume," *Journal of Business & Economic Statistics*, **16**, 101–109.

150) Liu, J., W.H. Wong, and A. Kong [1994] "Covariance Structure of the Gibbs Sampling with Applications to the Comparison of Estimators and Augmentation Schemes," *Biometrika*, **81**, 27–40.

151) Ljung, G.M., and G.E.P. Box [1978] "On a Measure of Lack of Fit in Time Series Models," *Biometrika*, **66**, 297–304.

152) Ljung, G.M., and P.E. Caines [1979] "Asymptotic Normality and Prediction Error Estimators for Approximate System Models," *Stochastics*, **3**, 29–46.

153) Locke, P.R., and C.L. Sayers [1993] "Intra-day Future Price Volatility: Information Effects and Variance Persistence," *Journal of Applied Econometrics*, **8**, 15–30.

154) Lumsdaine, R. [1996] "Consistency and Asymptotic Normality of the Quasi-Maximum Likelihood Estimator in IGARCH(1,1) and Covariance Stationary GARCH(1,1) Models," *Econometrica*, **64**, 575–596.
155) Mahieu, R.J., and P.C. Schotman [1998] "An Empirical Application of Stochastic Volatility Models," *Journal of Applied Econometrics*, **13**, 333–360.
156) Melino, A., and S.M. Turnbull [1990] "Pricing Foreign Currency Options with Stochastic Volatility," *Journal of Econometrics*, **45**, 239–265.
157) Nagahara, Y., and G. Kitagawa [1999] "Non-Gaussian Stochastic Volatility Model," *Journal of Computational Finance*, **2**, 33–47.
158) Najand, M., and K. Yung [1991] "A GARCH Examination of Relationship between Volume and Price Variability in Futures Markets," *Journal of Futures Markets*, **11**, 613–621.
159) Nakatsuma, T. [2000] "Bayesian Analysis of ARMA-GARCH Models : A Markov Chain Sampling Approach," *Journal of Econometrics*, **95**, 57–69.
160) Nelson, D.B. [1988] "The Time Series Behavior of Stock Market Volatility and Returns," unpublished doctoral dissertation, Department of Economics, M.I.T.
161) Nelson, D.B. [1990] "ARCH Models as Diffusion Approximations," *Journal of Econometrics*, **45**, 7–38.
162) Nelson, D.B. [1991] "Conditional Heteroskedasticity in Asset Returns: A New Approach," *Econometrica*, **59**, 347–370.
163) Nelson, D.B., and C.Q. Cao [1992] "Inequality Constraints in the Univariate GARCH Model," *Journal of Business & Economic Statistics*, **10**, 229–235.
164) Nelson, D.B. and D.B. Foster [1994] "Asymptotic Filtering Theory for Univariate ARCH Models," *Econometrica*, **62**, 1–41.
165) Ng, V., R.F. Engle, and M. Rothschild [1992] "A Multi-dynamic Factor Model for Stock Returns," *Journal of Econometrics*, **52**, 245–265.
166) Noh, J., R.F. Engle, and A. Kane [1994] "Forecasting Volatility and Option Pricing of the S&P 500 Index," *Journal of Derivatives*, 17-30.
167) Pagan, A.R., and G.W. Schwert [1990] "Alternative Models for Conditional Stock Volatility," *Journal of Econometrics*, **45**, 267–290.
168) Palm, F.C. [1996] "GARCH Models of Volatility," in G. S. Maddala, and C. R. Rao (eds), *Handbook of Statistics*, 4, North-Holland, 209–240.
169) Peiro, A. [1994] "Daily Seasonality in Stock Returns: Further International Evidence," *Economics Letters*, **45**, 227–232.
170) Pitt, M.K., and N. Shephard [1995] "Parameter-driven Exponential Family Models," Unpublished Paper, Nuffield College, Oxford.
171) Pitt, M.K., and N. Shephard [1999] "Time-Varying Covariances: A Factor Stochastic Volatility Approach," in J.M. Bernardo, J.O. Berger, A.P. Dawid, and A.F.M. Smith (eds) *Bayesian Statistics*, **6**, Oxford University Press, 547–570.
172) Richardson, M., and T. Smith [1994] "A Direct Test of the Mixture of Distributions Hypothesis: Measuring the Daily Flow of Information," *Journal of Financial and Quantitative Analysis*, **29**, 101–116.

173) Ripley, B.D. [1987] *Stochastic Simulation*, John Wiley & Sons.
174) Ritchken, P., and R. Trevor [1999] "Pricing Options under Generalized GARCH and Stochastic Volatility Processes," *Journal of Finance*, **54**, 377–402.
175) Robert, C.P., and G. Casella [1999] *Monte Carlo Statistical Methods*, Springer-Verlag.
176) Ruiz, E. [1994] "Quasi-maximum Likelihood Estimation of Stochastic Volatility Models," *Journal of Econometrics*, **63**, 289–306.
177) Sandmann, G., and S.J. Koopman [1998] "Estimation of Stochastic Volatility Models via Monte Carlo Maximum Likelihood," *Journal of Econometrics*, **87**, 271–301.
178) Schwarz, G. [1978] "Estimating the Dimension of a Model," *Annals of Statistics*, **6**, 461–464.
179) Schwert, G.W. [1989] "Why does Stock Market Volatility Change Over Time?" *Journal of Finance*, **44**, 1115–1153.
180) Scott, L.O. [1987] "Option Pricing When the Variance Changes Randomly: Theory, Estimation and an Application," *Journal of Financial and Quantitative Analysis*, **22**, 419–438.
181) Sentana, E. [1995] "Quadratic ARCH Models," *Review of Economic Studies*, **62**, 639–661.
182) Sentana, E., and S. Wadhwani [1992] "Feedback Traders and Stock Return Autocorerlations: Evidence from a Century of Daily Data," *Economic Journal*, **102**, 415–425.
183) Sharma, J.L., M. Mougoue, and R. Kamath [1996] "Heteroskedasticity in Stock Market Indicator Return Data: Volume versus GARCH Effects," *Applied Financial Economics*, **6**, 337–342.
184) Shephard, N. [1996] "Statistical Aspects of ARCH and Stochastic Volatility," in D.R. Cox, D.V. Hinkley and O.E. Barndorff-Nielsen (eds), *Time Series Models in Econometrics, Finance and other Fields*, Chapman & Hall, 1–67.
185) Shephard, N., and M.K. Pitt [1997] "Likelihood Analysis of Non-Gaussian Measurement Time Series," *Biometrika*, **84**, 653–667.
186) Shimonato, J.-G. [1992] "Estimation of GARCH Process in the Presence of Structural Change," *Economics Letters*, **40**, 155–158.
187) So, M.K.P., K. Lam, and W.K. Li [1998] "A Stochastic Volatility Model with Markov Switching," *Journal of Buisiness & Economic Statlistics*, **16**, 244–253.
188) So, M.K.P., and W.K. Li [1999] "Bayesian Unit-root Testing in Stochastic Volatility Models," *Journal of Buisiness & Economic Statlistics*, **17**, 491–496.
189) Tanizaki, H. [1993] *Nonlinear Filters: Estimation and Applications*, (Lecture Notes in Economics and Mathematical Systems, No.400), Springer-Verlag.
190) Tanizaki, H. [1996] *Nonlinear Filters: Estimation and Applications*, 2nd Edition, Springer-Verlag.
191) Tanner, M.A. [1996] *Tools for Statistical Inference*, 3rd Edition, Springer-Verlag.
192) Tauchen, G., and M. Pitts [1983] "The Price Variability-Volume Relationship on

Speculative Markets," *Econometrica*, **51**, 485–505.
193) Tauchen, G., H. Zhang, and M. Liu [1996] "Volume, Volatility, and Leverage: A Dynamic Analysis," *Journal of Econometrics*, **74**, 177–208.
194) Taylor, S.J. [1986] *Modeling Financial Time Series*, John Wiley & Sons.
195) Tierney, L. [1994] "Markov Chains for Exploring Posterior Distributions [with Discussion]," *Annals of Statistics*, **21**, 1701–1762.
196) Wang, J. [1994] "A Model of Competitive Stock Trading Volume," *Journal of Political Economy*, **102**, 127–168.
197) Watanabe, T. [1994] "The Relation between Stock Return Volatility and Trading Volume: An Empirical Investigation Based on a Vector Autoregressive Specification," *Journal of the Faculty of Economics*, **76**, 15–44, Tokyo Metropolitan University.
198) Watanabe, T. [1996] "Intraday Price Volatility and Trading Volume: A Case Study of the Japanese Government Bond Futures," in Board of Governors of the Federal Reserve System (eds), *Proceedings of a Joint Central Bank Research Conference*, 175–198.
199) Watanabe, T. [1997a] "Pacific-Basin Stock Market Returns and Volatility: Statistical Properties and Correlations," in *Papers and Proceedings of International Symposium on Macroeconomic Interdependence in the Asia-Pacific Region*, Department of Research Cooperation, Economic Research Institute, Economic Planning Agency, Government of Japan, 297–328.
200) Watanabe, T. [1997b] "A Normal Mixture Filtering Approach to Stochastic Volatility Models," 統計数理研究所共同研究リポート 103『時系列解析の理論と応用』32–59.
201) Watanabe, T. [1997c] "A Permanent and Transitory Component Stochastic Volatility Model," Manuscript, Tokyo Metropolitan University.
202) Watanabe, T. [1999] "A Non-linear Filtering Approach to Stochastic Volatility Models with an Application to Daily Stock Returns," *Journal of Applied Econometrics*, **14**, 101–121.
203) Watanabe, T. [2000a] "Bayesian Analysis of Dynamic Bivariate Mixture Models: Can They Explain the Behavior of Returns and Trading Volume?" *Journal of Business & Economic Statistics*, **18**, 199–210.
204) Watanabe, T. [2000b] "Excess Kurtosis of Conditional Distribution for Daily Stock Returns: The Case of Japan," *Applied Economics Letters*, **7**, 353–355.
205) Watanabe, T. [2001] "Price Volatility, Trading Volume, and Market Depth: Evidence from the Japanese Stock Index Futures Market," *Applied Financial Economics*, **11**, 651–658.
206) Watanabe, T. [2002] "Margin Requirements, Positive Feedback Trading, and Stock Return Autocorrelations: The Case of Japan," *Applied Financial Economics*, **12**, 395–403.
207) Watanabe, T., and T. Oga [1997] "The Information Content of Implied Volatility in the Nikkei 225 Index Option Market," *MTEC Journal*, **10**, 32–46.

208) Watanabe, T. and Y. Ohmori [2001] "Multi-move Sampler for Estimating Non-Gaussian Time Series Models: Comments on Shephard and Pitt [1977]," Research Paper Series No.25, *Faculty of Economics*, Tokyo Metropolitan University.
209) Weiss, A.A. [1984] "ARMA Models with ARCH Errors," *Journal of Time Series Analysis*, **5**, 129–143.
210) Weiss, A.A. [1986] "Asymptotic Theory for ARCH Models: Estimation and Testing," *Econometric Theory*, **2**, 107–131.
211) Wells, C. [1996] *The Kalman Filter in Finance*, Kluwer.
212) West, K.D., and D. Cho [1995] "Predictive Ability of Several Models of Exchange Rate Volatility," *Journal of Econometrics*, **69**, 367–391.
213) West, K.D., H.J. Edison, and D. Cho [1993] "A Utility-based Comparison of Some Models of Exchange Rate Volatility," *Journal of International Economics*, **35**, 23–45.
214) White, H. [1980] "A Heteroskedasticity-Consistent Covariance Matirix Estimator and a Direct Test for Heteroskedasticity," *Econometrica*, **48**, 817–838.
215) Wiggins, J.B. [1987] "Option Values under Stochastic Volatility: Theory and Empirical Estimates," *Journal of Financial Economics*, **19**, 351–372.
216) Wright, J.H. [1999] "Testing for a Unit Root in the Volatility of Asset Returns," *Journal of Applied Econometrics*, **14**, 309–318.
217) Zakoian, J.M. [1994] "Threshold Heteroskedastic Models," *Journal of Economic Dynamics and Control*, **18**, 931–955.
218) Zellner, A. [1971] *An Introduction to Bayesian Inference in Econometrics*, John Wiley & Sons；福浦庸・大沢豊共訳 [1986]『ベイジアン計量経済学入門』培風館.

略語一覧

AIC	: Akaike's information criterion
AR	: autoregressive
A-R	: acceptance/rejection
ARCH	: autoregressive conditional heteroskedasticity
ARMA	: autoregressive moving average
BDS	: Brock/Dechert/Scheinkman
CBOE	: Chicago Board Options Exchange
C-CAPM	: consumption based capital asset pricing model
CD	: convergence diagnostic
DBM	: dynamic bivariate mixture
EGARCH	: exponential GARCH
FIEGARCH	: fractionally integrated exponential GARCH
GARCH	: generalized ARCH
GED	: generaliaed error distribution
GMM	: generalized method of moments
GJR	: Glosten/Jagannathan/Runkle
IGARCH	: integrated GARCH
i.i.d.	: independently and identically distributed
LB	: Ljung/Box
LM	: Lagrange multiplier
MA	: moving average
MCMC	: Markov-chain Monte Carlo
M-H	: Metropolis-Hastings
MM	: method of moments
NFMLE	: nonlinear filtering maximum likelihood estimation
NGARCH	: nonlinear GARCH
NYSE	: New York Stock Exchange
QGARCH	: quadratic GARCH
QMLE	: quasi-maximum likelihood estimation
RMSE	: root mean squared error
SIC	: Schwarz's information criterion
SMLE	: simulated maximum likelihood estimation
SMM	: simulated method of moments
SV	: stochastic volatility
TASV	: threshold autoregressive SV
TGARCH	: threshold GARCH
TOPIX	: Tokyo stock price index

索　引

2変量分布混合モデル　104, 108
95%信用区間　114–120

A-R法　91, 92
absolute residual モデル　29
AGARCH (asymmetric GARCH) モデル　29
AIC (Akaike's information criterion)　3, 35
ARCH型モデル　14, 35, 67–69, 72

bandwidth　114
BDSテスト　53
BDS統計量　52, 53
bivariate mixture model　105
Black/Scholesの公式　64
blocking　100

C-CAPM (consumption based capital asset pricing model)　60, 85
CD統計量　114–116, 119
continuous compounding　7
correlation integral　51

day-of-the week effects　64
DBMモデル (dynamic bivariate mixture)　74, 105, 111, 113, 115–118, 124

EGARCH (exponential GARCH) モデル　26, 27, 35, 53, 57, 69
EGARCH-M モデル　60

F検定　41
Factor ARCH モデル　128
FIEGARCH モデル　28
FIGARCH モデル　26
fractionally integrated　26

GARCH (generalized ARCH) モデル　23, 35
GARCH-M モデル　60
GED (generalized error distribution)　57, 58
generalized t-distribution　57
Gibbs sampler　92, 96, 100
GJR モデル　26, 29, 35
GMM (generalized method of moments)　71, 73, 105
gradient　34

Hessian　34
heteroskedasticity　2
homoskedasticity　2

IGARCH (integrated GARCH) モデル　25
indicator function　51, 96
instantaneous compounding　7

latent variable　68
Ljung/Box検定　5, 10, 17
Ljung/Box統計量　8–11, 17, 112
log-GARCH モデル　71

Markov switching SV モデル　73
max norm　50
MCMC ベイズ推定　98
MCMC 法　72–74, 84, 90, 92, 95, 105, 115, 116
measurement equation　75
M-H 法（Metropolis-Hastings アルゴリズム）　92–95
M-H/A-R 法　94, 95, 101
microstructure モデル　105
mixture-of-distributions hypothesis　68, 74
MM（method of moments）　70, 74, 105
multi-move sampler　100, 110, 114

NFMLE（nonlinear filtering maximum likelihood estimation）　72, 73
NGARCH（nonlinear GARCH）モデル　29
noisy rational expectations モデル　105
noninformative な事前分布　89, 96, 110, 115
non-synchronous trading　62
NYSE（New York Stock Exchange）　46, 55, 56, 72, 73

Ornstein-Uhlenbeck 過程　68
outer product　34

Parzen のウインドウ　114
positive feedback trader　61–63
posterior distribution　86
posterior odds　47
precision　87
precision matrix　87
prediction equation　77
prior distribution　85

QGARCH（quadratic GARCH）モデル　29
QMLE（quasi-maximum likelihood estimation）　33, 71–74, 80, 82, 83, 105, 106
quasi-likelihood　71

RMSE（root mean squared error）　41, 45

sequential information モデル　105
SIC（Schwarz's information criterion）　4, 35, 47
simulation smoother　123
simultaneity bias　63
single-move sampler　98, 100, 103, 110
smart money　61, 62
SMLE（simulated maximum likelihood estimation）法　72
SMM（simulated method of moments）　72, 105
smoothing　80
state variable　75
SV モデル　67–74, 115, 116, 125

t 分布　56, 58, 73
TASV（threshold autoregressive SV）モデル　73
Tauchen/Pitts モデル　106
TGARCH（threshold GARCH）モデル　29
TOPIX　6
transition equation　75
truncated normal distribution　97

updating equation　77

VaR（value at risk）　59
volatility clustering　22

White の標準誤差　19

ア　行

アノマリー　64

一般化積率法　70, 105

索　引

一般化 t 分布　57, 58
インプライド・ボラティリティ　64

オイラーの定数　121

カ　行

外積　34
カオス　49, 51, 53
拡張された DBM モデル　119, 125
確率的ボラティリティ変動（SV）モデル　14, 15, 67–74 81, 83–84, 95, 98–105, 108, 115, 125, 127, 128
カルマン・フィルタ　71, 74, 78–83, 105
観測方程式　75, 123
ガンマ分布　86, 87, 99

危険回避的　13, 62
危険中立的　12, 13
疑似最尤（推定）法　33–36, 61, 70, 74, 80–82, 105, 109
疑似尤度　71, 82
逆ガンマ分布　87
強度の効率性　21

決定係数　20, 41, 46
決定的なプロセス　48, 49
検出力　53

更新時間　111
更新値幅　111
更新方程式　77, 78
勾配　34
混合正規分布　83, 108

サ　行

最小分散線形不偏推定量　79, 84
最小分散不偏推定量　79, 84
最大ノルム　50
最尤（推定）法　29–31, 34–35, 70, 79
先物悪玉論　111

時系列分析　3
自己回帰（AR）モデル　3
事後分布　72, 86, 88–90, 96, 115
事後平均　88, 89, 115–119
自然共役な事前分布　88
事前分布　85–89, 96, 110, 115
シミュレーションによる最尤法　72, 105
シミュレーションによる積率法　72
弱度の効率性　11, 21
自由度　56, 57
自由度修正済み決定係数　10, 12, 21
受容・棄却（A-R）法　90–95
瞬間複利計算　7
旬効果　64
準強度の効率性　21
証拠金率　63, 111
状態空間モデル　74, 75
状態変数　75
消費に基づく資本資産価格モデル　60, 85
情報量基準　3, 4, 35
信用取引　63

（スチューデント）の t 分布　56–58, 73

正規分布　15, 31, 32, 56, 57, 59, 71, 76, 78–84, 85–87, 99
精度　86
精度行列　87, 88
積率法　70, 105
積率母関数　121
切断正規分布　97
セミ・ノンパラメトリック法　106
遷移方程式　75, 123
線形状態空間モデル　71, 72, 74–76, 81, 83, 103, 105, 109, 123
潜在変数　69, 117–119
尖度　8, 15, 16, 39, 55, 56

相関積分　51

タ 行

対数尤度　32, 35

中心極限定理　68, 107
長期記憶モデル　25, 26

月効果　64

提案密度関数　91, 93, 99, 101
テーラー展開　99–103
テント・マップ　48–51

動学的2変量分布混合（DBM）モデル　74, 83, 105, 109
東京証券取引所株価指数　6
同時性のバイアス　63
特異性　64
取引回数　68, 74, 104, 105, 108, 117
取引高　63, 74, 83, 104–108, 111–113, 116–120, 124

ナ 行

日経225（株価指数）先物　105, 111, 112, 115, 119, 120
ニュース・インパクト関数　37
ニュース・インパクト曲線　38
ニュートン法　100
ニューヨーク証券取引所（NYSE）　46, 55, 57

ノーマル・ガンマの事前分布　88, 89

ハ 行

非線形グレンジャー因果性（テスト）　53, 105
非線形フィルタ　71
　――に基づく最尤法　71, 72
標準正規分布　15–16, 30, 32–34, 36, 38, 55–58, 61, 63, 70, 71, 81, 121, 122
プサイ（または，ディガンマ）関数　121
ブロッキング　103
分散均一性　2
分散不均一性　2
分数和分モデル　26, 28
分布混合仮説（モデル）　68, 74, 104, 108, 120

平滑化　80, 83, 103
平均2乗誤差　41
ベイズ推定（法）　72–74, 84–86, 90, 95, 105, 109, 115, 118, 120
ベイズの定理　85, 88, 90, 98
ヘッセ行列　34

ポアソン分布　120
ポートフォリオ・インシュアランス　63
ボラティリティ変動モデル　13, 14, 67
ホワイト・ノイズ　2, 12, 15, 75

マ，ヤ 行

マルコフ連鎖モンテカルロ（MCMC）法　72–74, 84, 90, 92, 95, 105, 115, 116

尤度（関数）　30–32, 69–72, 79, 82, 90
尤度比検定　46, 58

曜日効果　64, 65
予測方程式　77, 78

ラ，ワ 行

ラグランジュ乗数（LM）検定　46
ランダム・ウオークSVモデル　73

リスク・プレミアム　11

連続複利計算　7, 18

歪度　8, 39

著者略歴

渡部敏明（わたなべとしあき）

- 1963 年　広島県に生まれる
- 1986 年　東京大学経済学部経済学科卒業
- 1993 年　イェール大学経済学部博士課程修了
- 1993 年　東京都立大学経済学部講師
- 1999 年　ケンブリッジ大学政治経済学部客員研究員
- 現　在　首都大学東京経済学部教授
  　　　　経済学 Ph.D.
- 著　書　『アジアの金融・資本市場』（日本経済新聞社）（共著）

シリーズ〈現代金融工学〉4
ボラティリティ変動モデル　　　　定価はカバーに表示

2000 年 6 月 10 日　初版第 1 刷
2020 年 7 月 25 日　　　第14刷

著　者	渡　部　敏　明
発行者	朝　倉　誠　造
発行所	株式会社 朝倉書店 東京都新宿区新小川町6-29 郵便番号　162-8707 電　話　03 (3260) 0141 FAX　03 (3260) 0180 http://www.asakura.co.jp

〈検印省略〉

© 2000〈無断複写・転載を禁ず〉　　　　三美印刷・渡辺製本

ISBN 978-4-254-27504-9　C 3350　　　　Printed in Japan

JCOPY 〈出版者著作権管理機構 委託出版物〉

本書の無断複写は著作権法上での例外を除き禁じられています．複写される場合は，そのつど事前に，出版者著作権管理機構（電話 03-5244-5088, FAX 03-5244-5089, e-mail: info@jcopy.or.jp）の許諾を得てください．

好評の事典・辞典・ハンドブック

数学オリンピック事典	野口 廣 監修	B5判 864頁
コンピュータ代数ハンドブック	山本 慎ほか 訳	A5判 1040頁
和算の事典	山司勝則ほか 編	A5判 544頁
朝倉 数学ハンドブック[基礎編]	飯高 茂ほか 編	A5判 816頁
数学定数事典	一松 信 監訳	A5判 608頁
素数全書	和田秀男 監訳	A5判 640頁
数論<未解決問題>の事典	金光 滋 訳	A5判 448頁
数理統計学ハンドブック	豊田秀樹 監訳	A5判 784頁
統計データ科学事典	杉山高一ほか 編	B5判 788頁
統計分布ハンドブック(増補版)	蓑谷千凰彦 著	A5判 864頁
複雑系の事典	複雑系の事典編集委員会 編	A5判 448頁
医学統計学ハンドブック	宮原英夫ほか 編	A5判 720頁
応用数理計画ハンドブック	久保幹雄ほか 編	A5判 1376頁
医学統計学の事典	丹後俊郎ほか 編	A5判 472頁
現代物理数学ハンドブック	新井朝雄 著	A5判 736頁
図説ウェーブレット変換ハンドブック	新 誠一ほか 監訳	A5判 408頁
生産管理の事典	圓川隆夫ほか 編	B5判 752頁
サプライ・チェイン最適化ハンドブック	久保幹雄 著	B5判 520頁
計量経済学ハンドブック	蓑谷千凰彦ほか 編	A5判 1048頁
金融工学事典	木島正明ほか 編	A5判 1028頁
応用計量経済学ハンドブック	蓑谷千凰彦ほか 編	A5判 672頁

価格・概要等は小社ホームページをご覧ください.